ESSAI
DE
PERSPECTIVE,

PAR G. J. 'sGRAVESANDE,

Docteur en Droit.

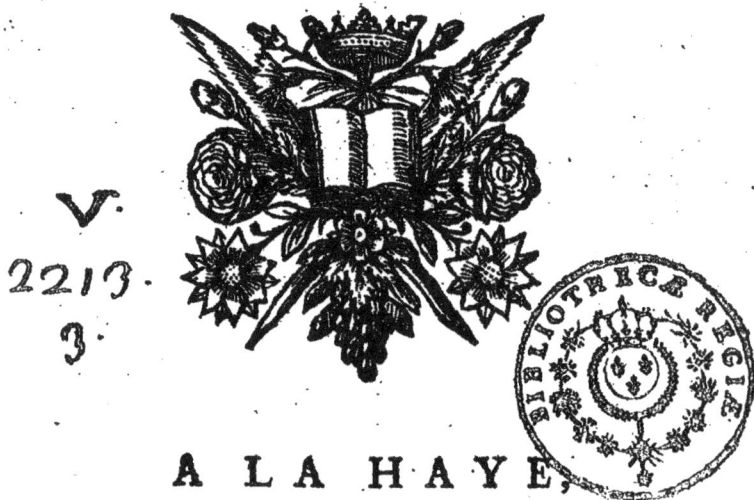

A LA HAYE,
Chez la Veuve D'ABRAHAM TROYEL.

M. DCC. XI.

A
MONSIEUR
B. VANDER DUSSEN,

Bourguemaiſtre, Conſeiller, & Penſionnaire de la Ville de Gouda. Hoog Heemraat de Schieland, & Dyck-Grave du Krimpender - Waart. Député de la part des Etats Généraux, aux derniéres Conférences ſur la Paix, &c. &c.

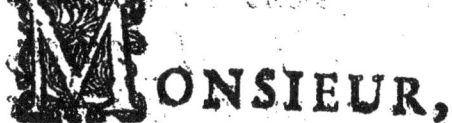ONSIEUR,

Si j'étois du ſentiment des Ecrivains, qui, à l'abri d'un

Nom

EPITRE.

Nom Illustre, espérent se garantir des hazards auxquels ils s'exposent, j'abandonnerois ce petit Traité au jugement du public avec toute la confiance que peut donner un succès assuré : j'aurois tout lieu de m'attendre à la réüssite d'un Livre au devant duquel Vous m'avez bien voulu permettre, MONSIEUR, de placer Vôtre Nom Illustre; ce Nom qui tant de fois a parû avec éclat dans des Négotiations importantes, dont le maniment demandoit un Esprit superieur, une Prudence consommée dans les affaires, & une Sage activité toûjours menagée par la Raison.

Mais,

EPITRE.

Mais cette vaine espérance, MONSIEUR, n'est pas le motif qui me porte à Vous offrir ce petit Essai; l'honneur que j'ai de Vous apartenir, & & le désir de faire connoître le respect & l'attachement que j'ai pour Vous, sont pour moi des raisons bien plus fortes & plus légitimes. Je suis avec un profond respect,

MONSIEUR,

Vôtre très-humble & très-obéïssant Serviteur,

G. J. 's GRAVESANDE.

PREFACE.

ON s'étonnera peut-être de me voir entrer dans une route qui semble n'avoir été que trop fréquentée, & on regardera comme inutile l'Essai d'un nouveau Traité sur une science, qui, si on en juge par le grand nombre des Ecrivains qu'elle a produit, devroit être épuisée depuis long-tems. Il semble que le nom de Perspective soit devenu rebutant pour le public en-

PREFACE.

ennemi des répétitions, & qu'il y ait de la témérité à ofer traiter encore le même fujet. J'ofe efpérer néanmoins quelque indulgence de ceux qui voudront bien s'inftruire des raifons qui m'ont porté à rendre public ce petit Ouvrage.

Il y a quelques années que m'occupant a tracer des figures par les régles ordinaires, je découvris certains moyens d'abréger, qui fe prefentent affez naturellement, quand on travaille avec quelque attention, & fans s'affervir entiérement à l'induftrie des autres. Ces premiers fuccès m'en firent efpérer de plus confidérables. Je crus qu'un

exa-

PREFACE.

examen plus exact de la Théorie de la Perspective, me fourniroit des régles plus générales aussi, pour en rendre la pratique aisée. Je rencontrai véritablement quelques abrégez; mais me défiant de la facilité apparente, que le plaisir de l'invention nous fait toûjours trouver dans nos découvertes, j'en éprouvai la bonté en les applicant avec exactitude à différens sujets: j'en examinai scrupuleusement tous les cas, & je fis tous mes efforts pour n'être pas éblouï par certaines opérations, qui sont tout autrement mal-aisées dans l'éxécution, qu'elles ne semblent d'abord le promettre à

l'ef-

PRÉFACE.

l'esprit. A ma propre méditation je joignis la lecture d'une bonne partie des Ecrivains de ce genre, qui se sont multipliez à l'infini sans beaucoup de nécessité. Quelques uns d'entr'eux, qui se sont distinguez avantageusement parmi la foule, m'ont été très utiles: mais j'ose assurer que le nombre n'est pas grand de ceux, qui, dans ce qui regarde la pratique, ont traité cette matiére avec quelque air de nouveauté.

Les uns se sont bornez à expliquer la simple Théorie, & ont laissé à leurs Lecteurs le soin d'en faire l'application; ou s'ils ont donné les prati-

PREFACE.

ques communes, ils n'ont pas été au delà, & ils se sont répandus en réfléxions générales sur la Peinture, curieuses à la vérité, mais peu utiles à mon dessein; car je me propose, non de former un Peintre, mais de lui rendre facile l'exercice & l'usage de la Perspective. Les autres Auteurs, qu'on diroit, à la grosseur de leurs Ouvrages, avoir traité la pratique avec plus de soin, en donnent d'abord quelques régles générales, qui leur sont communes à tous, & qui pour avoir passé par tant de mains n'en sont pas devenuës plus aisées; aussi n'ont ils pas travaillé à les rendre telles. Ils ont
crû

PREFACE.

crû que tous les objets pouvant se mettre en Perspective par ces moyens là, il seroit inutile d'en chercher d'autres; & ils ont jugé plus néceffaire de donner aux Peintres l'application de ces méthodes à un nombre infini d'exemples particuliers; quoi que cette aplication ne leur puiffe fervir tout au plus, qu'à rappeller dans ces circonftances l'ufage des régles déja prefcrites. Mais quel profit peuvent retirer les Peintres de ces modelles, s'ils n'ont une connoiffance exacte des pratiques générales? Et s'ils ont cette connoiffance, quelle fera pour eux l'utilité de cette variété exceffive d'exemples?

PREFACE.

J'ai donc crû pouvoir m'y prendre d'une autre façon; & bien que je me reconnoisse beaucoup inférieur à plusieurs de ceux qui ont écrit sur cette matiére, je me suis flatté, que si la Perspective perdoit quelque chose entre mes mains par le manque d'habileté, elle pourroit le regagner, peut-être avec usure, par une grande application de ma part. J'ai considéré encore que les détails ennuyeux, inséparables du genre d'écrire que j'ai choisi, ne permettroient jamais aux genies capables de plus grandes choses d'entrer dans une carriére peu digne de leurs efforts, & inaccessible aux grandes dé-
cou-

PRÉFACE.

couvertes. Ainsi, espérant d'une part donner un nouveau jour & plus de facilité à la pratique; & persuadé d'ailleurs que les personnes plus intelligentes ne voudroient pas se charger d'un tel soin, j'ose hazarder ce petit Ouvrage, & l'exposer au goût du public éclairé, de qui je n'attens point d'autre Eloge, que celui qu'on ne peut raisonnablement refuser à un travail assidu.

Trois choses pourront ici faciliter l'usage de la Perspective. 1. Pour resoudre les Problêmes les plus généraux qui fondent toute la pratique, on donne plusieurs méthodes nouvelles & plus faciles que cel-

PREFACE.

celles dont on use communement. On en donne plusieurs, parce que l'application d'une même régle n'est pas également commode dans tous les cas, & qu'ainsi il est utile d'en avoir à choisir. 2. Les méthodes générales dont on s'est servi jusqu'ici étant impraticables dans quelques occasions particuliéres, pour rémedier à ce défaut on en a ajoûté d'autres, plus malaisées à la vérité, mais que certains cas rendent absolument nécessaires. 3. Enfin, quand par le moyen des Problêmes généraux, il est fort difficile de résoudre un Problême particulier, on a crû devoir en donner une solution à part. Par

PREFACE.

Par là on rend à la vérité l'étude de la Perspective plus malaisée : mais ce désavantage est bien récompensé par la facilité de la pratique qu'on a eu uniquement en vûë. Il est vrai que peu de régles générales ne chargent pas tant la mémoire ; mais d'en avoir plusieurs, d'en avoir de particuliéres, c'est ce qui abrége ; & telle méthode, pour avoir arrêté d'abord quelques momens de plus, épargne dans la suite des heures entiéres d'une occupation qui paroît toûjours assez pénible. Peu de tems suffira à un Peintre pour bien entendre cet Ouvrage, & pour s'en rendre les préceptes fami-

PREFACE.

miliers; & cette étude de peu de jours, répétée de tems en tems, lui vaudra toûjours une extrême diminution de travail & de fatigue.

Mais afin que chacun puisse voir par lui-même ce qu'il peut se promettre de cèt Essai, j'en donnerai l'abregé en peu de mots. Il est partagé en neuf Chapitres. Le premier qui tient lieu d'introduction aux autres, sert à prouver l'utilité de la Perspective, & on y donne les définitions des termes nécessaires pour l'intelligence de ce Livre.

Toute la Théorie est contenuë dans le Chapitre second. Ce qui a été découvert de plus utile

PREFACE.

utile sur cette matiére s'y trouve réduit à trois Théorémes généraux, sçavoir le premier, le second & le quatriéme ; tout le reste s'en déduit par voye de Corollaire. A ces Théorémes déja connus, on en a ajoûté de nouveaux pour servir à la Démonstration de quelques propositions nécessaires. Peut-être auroit-on souhaité que j'eusse toûjours employé pour preuve la route qui ma mené aux véritez que je découvre : je l'ai fait quelquefois, mais souvent cela auroit été très long & très embarassant. En Géométrie, ce n'est pas toûjours le chemin le plus facile, & le plus court qui conduit

PREFACE.

duit aux découvertes.

Dans le Chapitre suivant, on explique la pratique de la Perspective sur le Tableau Perpendiculaire. Entre les différentes méthodes qu'on y indique pour résoudre les Problêmes généraux, on en trouvera dans lesquelles on n'employe que la simple régle ; de sorte qu'après quelques préparations, on peut sans le secours du Compas, tracer toutes sortes d'objets, & cela avec plus de facilité que dans la pratique vulgaire. Celui qui cherche l'apparence d'un point qui est en l'air, le considére comme l'extrémité d'une Perpendiculaire, dont il faut trouver la représentation

pour

PREFACE.

pour trouver celle du point. On évite ce détour, & on enseigne a déterminer la Perspective du point donné, sans être obligé de chercher la Perspective de son assiéte. Touchant l'apparence d'un Cone & d'un Cilindre, on détermine sur leur baze la portion qui en est visible, & on se délivre par là des opérations inutiles auxquelles est sujette la méthode ordinaire. Il est très difficile, pour ne pas dire impossible, de mettre en Perspective une Sphére par le moyen des Problêmes généraux; dans la représentation du Tore d'une Colomne, il se trouve encore plus de difficulté: par là on s'est trouvé engagé

PREFACE.

gé à donner des méthodes particuliéres pour résoudre ces deux Problêmes. Le reste du troisiéme Chapitre regarde les lignes inclinées, & le moyen d'en trouver l'apparence par le point Accidental.

Le quatriéme Chapitre enseigne à travailler sur un Tableau qui doit être vû de fort loin, ou fort de côté, ou qui doit être placé dans un lieu élevé. Ces diverses situations demandent de nouvelles régles : car pour y pouvoir appliquer la méthode ordinaire, il faudroit travailler sur un Plan d'une grandeur excessive & impraticable.

On s'étend fort peu dans les deux

PREFACE.

deux Chapitres suivans. On y parle du Tableau incliné, & du Tableau paralléle; & on y découvre des méthodes générales, qui, jointes à celles des Chapitres précédens, suffiront, je crois, pour mettre en Perspective toutes sortes d'objets avec assez de facilité.

Le Chapitre septiéme, qui traite des Ombres, n'a rien de particulier, & qu'on n'ait vû autre part; mais le peu qu'on en dit suffit pour donner une idée de cette matiére, que la lecture de ce qui précéde rendra facile.

On enseigne dans le Chapitre suivant quelques moyens méchaniques pour faciliter l'usage

PREFACE.

sage de la Perspective. On n'employe pour cela que des régles & des fils, dont tout le monde poura aisément se pourvoir, que chacun pourra mettre en pratique, & qui, avec cèt avantage, sont encore d'un usage plus facile qu'aucun des instrumens inventez à ce sujet.

Le dernier Chapitre de ce Traité fait voir qu'elle est l'utilité que la Perspective peut apporter à la Gnomonique.

Tel est le plan de ce petit Ouvrage, dans lequel je me suis moins éforcé d'avancer des choses curieuses, que d'en dire d'utiles ; estimant que sans faire parade d'un savoir mal placé,

PREFACE.

cé, je rendrois mon livre assez bon, si par son usage je le rendois nécessaire. Par cette raison, j'ai tâché de mettre tout à la portée de ceux qui auroient lû simplement les élemens d'Euclide : & si je me suis éloigné de cette régle en quelque peu d'endroits, je les ai fait imprimer en caractéres Italiques, afin qu'on pût les passer sans aucun scrupule.

J'avertirai, ici qu'en retouchant cèt Essai, j'ai eu le bonheur de rencontrer un habile Peintre, qui a fait une étude serieuse de toutes les connoissances nécessaires à sa profession, parmi lesquelles la Perspective n'a pas été négligée. Il l'a portée

PREFACE.

tée plus loin qu'on ne pouvoit l'attendre raisoñablement d'un homme destitué du secours des Mathématiques & je lui suis redevable de plusieurs observations, auxquelles sans lui je n'aurois peut-être jamais pensé. Au reste, j'espére, quant au langage, quelque indulgence pour un étranger, à qui les fautes seront d'autant plus pardonnables en cette matiére, que les Mathématiques exigent moins l'élegance du stile que la clarté des expressions.

Ceux qui voudront avoir un précis du petit traité qui se trouve à la fin de ce livre, & qui parle de la Chambre Obscure, *pourront consulter l'Avertissement qui est au devant.*

ESSAI
DE
PERSPECTIVE.

CHAPITRE PREMIER.

Definitions de la Perspective.

LA Perspective nous enseigne à dessiner par les régles des Mathématiques ; c'est-à-dire, qu'elle nous apprend à tracer Géométriquement sur un plan, la représentation des objets, selon leurs

1.

leurs dimenfions, & leurs fituations différentes : en forte que ces Repréfentations faffent fur nos yeux le même effet, qu'auroient pû faire les objets mêmes dont elles ne font que les images.

Pour bien comprendre comment on a pû appliquer les Mathématiques au deffein, fuppofons un homme A, qui confidére un objet B, & feignons qu'entre cet homme & l'objet qu'il regarde, il y ait un plan tranfparent C. Suppofons de plus que fur ce plan on trace des lignes comme en D, qui couvrent à l'égard du Spectateur A les contours de l'objet B, & de chaque partie qu'il en apperçoit. A prefent puis qu'on ne voit une objet, que par des raïons qui partent de tous fes points, & qui aboutiffent à l'œil; & puis qu'ici tous les raïons qui viennent de l'objet B, paffent auffi par tous les points de la Repréfentation D; il eft

Fig. 1.

est clair que cette Représentation fera sur l'œil du Spectateur, le même effet qu'y faisoit auparavant l'objet même. Or c'est par des régles prises de la Géométrie, que dans le plan C, mis dans une situation donnée, on peut trouver les points de la figure D. par où passent les raïons, qui de l'objet B se rendent à l'œil du Spectateur A, lesquels points sont les intersections des raïons & du plan. Ainsi, comme d'autres l'ont fort bien remarqué, on doit regarder un Tableau dans la Peinture, comme une fenêtre sur laquelle on voudroit représenter les objets qui paroissent à travers.

Sans le secours des Mathématiques on ne peut trouver cette Représentation qu'à la simple vûë; c'est-à-dire, à tâtons; & alors un Dessein n'est exact, qu'à mesure qu'on a rencontré la véritable Apparence qu'auroit pû donner la Géometrie. Cette seule remarque suffit pour établir la néceffité de la Perfpective, quoi qu'en difent certains Peintres, qui felon la Maxime ordinaire, prétendent que ce qu'ils ignorent, ne vaut pas la peine d'être fçû.

Jufqu'ici j'ai tâché de donner une idée de la Perfpective confidérée en général : mais on donne encore à ce mot une fignification particuliére, qu'il eft néceffaire d'expliquer, auffi bien que les autres termes de l'Art ; ce que je vais faire dans les Definitions fuivantes, qu'il faut fe rendre bien familiéres, avant de paffer à la lecture du refte.

2. *La Perfpective* donc, la Répréfentation, ou l'Apparence d'un objet; car ces trois mots font Synonimes ; *eft la Figure que forment en traverfant le plan tranfparent, les Raïons par lefquels on voit cet objet : & la Perfpective d'un point,*

Def..1

point, est l'intersection du Raïon qui part de ce point, avec le plan transparent; laquelle intersection est un point. Ainsi la Figure D. Fig. 1. dans le Plan transparent C est la Perspective de l'objet B, & le point e dans le même Plan, est la Perspective du point E dans l'objet.

Le Plan paralléle à l'Horison Def. 2. sur lequel le Spectateur est placé, avec les objets qu'il considére, est appellé Plan Géometral. Com- Fig. 2. me ABCD.

Le Tableau est un Plan posé entre Def. 3. le Spectateur & les objets, sur lequel les objets se doivent tracer. Comme FGRT. Il est pour l'ordinaire perpendiculaire au Plan Géometral, & par conséquent à l'Horison, par ce que le plus souvent on donne cette situation aux Peintures. Il peut être néanmoins quelque fois incliné, & même paralléle au Plan Géometral, selon la maniére dont on véut disposer le

A 3 Defsein, ou la Peinture à laquelle on travaille. C'est la Raison pourquoi dans le Chapitre suivant, on énoncera les Théoremes & leurs Corollaires, d'une maniére générale, qui convienne à toutes ces diverses situations du Tableau, ce qu'il faut bien remarquer.

Def. 4. *L'intersection du Tableau avec le Plan Géométral, s'appelle ligne de terre.* Comme F G.

La diverse situation de l'œil, change dans le Tableau la Représentation des objets; car les Raïons allant se joindre dans un autre point, rencontrent aussi le Tableau dans des endroits diférens. Pour déterminer cette situation de l'œil, à l'égard du Tableau, on suppose *un*

Def. 5. *Plan paralléle à l'Horison, qui passe par l'œil, & s'étend de tous côtez; on le nomme Plan Horisontal.* Comme O M V N L.

Def. 6. *L'intersection de ce Plan avec le Tableau, est la ligne Horisontale.* Comme M V N. *La*

La Perpendiculaire qu'on mene Def. 7. de l'œil à la ligne Horifontale, eſt le Raïon principal. Comme O V.

Le point V où cette Perpendiculaire rencontre la ligne Horifontale, eſt le point de vûë ou le point principal. Def. 8.

On abaiſſe de l'œil ſur le Plan Géométral une Perpendiculaire qui meſure la hauteur de l'œil.

Le point S où cette Perpendiculaire rencontre le Plan Géometral, eſt le point de Station. Def. 9.

Le Plan qui paſſe par cette Perpendiculaire, & par le Raïon principal, eſt appellé Plan Vertical. Comme S O L I. Def. 10.

L'interſection VH de ce Plan avec le Tableau, eſt la ligne Verticale. Def. 11.

Et S H I ſon interſection avec le Plan Géométral, eſt la ligne de Station. Def. 12.

Points de diſtance ſont deux points dans la ligne Horifontale, éloignez de part & d'autre du point Def. 13.

point de vûë, de la quantité du Raïon principal. Comme M & N.

Def. 14. J'appelle ligne Géométrale, une ligne qui passe par le point de Station, & qui est paralléle à la ligne de terre. Comme A B.

Def. 15. L'assiéte d'un objet est l'appui Perpendiculaire, que chacune de ses parties a sur le Plan Géométral.

Def. 16. Direction d'une ligne inclinée au Plan Géométral, est l'intersection de ce Plan, avec un autre Plan qui lui est Perpendiculaire, & qui passe par la ligne inclinée.

CHAPITRE SECOND.

Théorie de la Perspective.

LEMME.

LA Perspective d'une ligne droi- 3.
te comme AB, qui étant con- Fig. 3.
tinuée ne passe pas par l'œil O, est
aussi une ligne droite : car les
Raïons par lesquels on voit la ligne AB. forment un Plan OAB,
qui coupe le Tableau ; & la commune Section de deux Plans est
une ligne droite, comme *ab*.

THEOREME I.

La Représentation d'une ligne 4.
paralléle au Tableau, est parallé-
le à la ligne dont elle est la repré-
sentation.

Soit AB une ligne parallele au Fig. 3.
Ta-

Tableau, il faut démontrer que *a b* sa représentation, lui est paralléle.

Ces deux lignes A B & *a b* ne peuvent jamais se rencontrer, parce que *a b* est dans le Tableau, & que A B a été supposée paralléle au Tableau. Mais ces deux lignes sont aussi dans un même Plan, puisque *a b* est l'intersection du Tableau & du Plan O A B, qui passe par l'œil & par la ligne A B; & partant elles sont paralléles entr'elles. Ce qu'il falloit démontrer.

Corollaire I.

5. *La Perspective d'une ligne paralléle à la ligne de terre, est paralléle à la même ligne de terre.*

Car la Ligne de terre & cette Perspective étant paralléles à une même Ligne, elles sont paralléles entr'elles.

Co-

COROLLAIRE. II.

La Perspective d'une ligne pa- rallèle à la ligne Verticale, est parallèle à cette même Verticale, & par conséquent Perpendiculaire à la ligne de terre. 6. Cela se démontre comme dans le Corollaire précédent.

COROLLAIRE III.

Les Apparences des lignes pa- ralléles au Tableau, & également inclinées du même côté sur le Plan Géométral, font avec la ligne de terre, des Angles égaux aux Angles que font les lignes dont elles sont les Apparences avec les pa- ralléles à la ligne de terre, qui les coupent, & par conséquent ces Apparences sont paralléles entre elles. 7.

Cela est évident, puis que les Ap-
pa-

parences des lignes parallèles à la ligne de terre sont parallèles à cette même ligne, & que les Apparences des lignes inclinées dont nous parlons, sont parallèles à ces lignes.

Théoreme II.

8. *La Perspective d'une Figure parallèle au Tableau, est sembla-*
9. *ble à cette Figure ; & les côtez de cette Figure sont à leurs Représentations, comme la distance de l'œil avec le Plan de la Figure est à la distance de l'œil avec le Tableau.*

Fig 4. La Figure donnée est ABCD. Il faut démontrer premiérement que sa Perspective *a b c d* lui est semblable ; c'est-à-dire, que les Angles correspondans de ces deux Figures ABCD & *a b c d*, sont égaux, & que leurs côtez sont proportionels.

I.

1. Quant aux Angles, ils sont égaux, puisque * les lignes qui com- *4 posent ces d'eux Figures sont parallèles entr'elles.

2. Dans les Triangles semblables ADO & adO, on a

AD, ad :: OD, Od,

Et dans les Triangles semblables ODC & Odc, on a

DC, dc :: OD, Od

donc

AD, ad :: DC, dc.

altern.

AD, DC :: ad, dc

Par conséquent les côtez AD & DC de la Figure ABCD sont proportionels aux côtez ad & dc de la Figure abcd. On démontrera la même chose des autres côtez, & partant ces Figures sont semblables.

Pour l'autre partie du Théoreme, si l'on suppose qu'on abaisse de l'œil une Perpendiculaire sur le Plan de la Figure, continué s'il est né-

nécessaire, il est évident que OD sera à O*d* comme cette Perpendiculaire, qui mesure la distance de l'œil au Plan de la Figure, est à la distance de l'œil au Tableau, laquelle est mesurée par la partie de la Perpendiculaire comprise entre l'œil & le Tableau. Or nous avons déja vû que

OD, O*d* :: AD, *ad*.

Donc il y a même raport entre A*d* un des côtez de la Figure & *ad* sa Perspective, qu'entre les distances qu'on vient de marquer. La démonstration est la même pour les autres côtez de la Figure. Ce qu'il falloit démontrer.

Corollaire I.

10 *Si d'un point du Plan Géométral, partent trois Lignes droites égales entr'elles & parallèles au Tableau, dont la premiére soit dans le Plan Géométral, la seconde*

Planche 1.ere

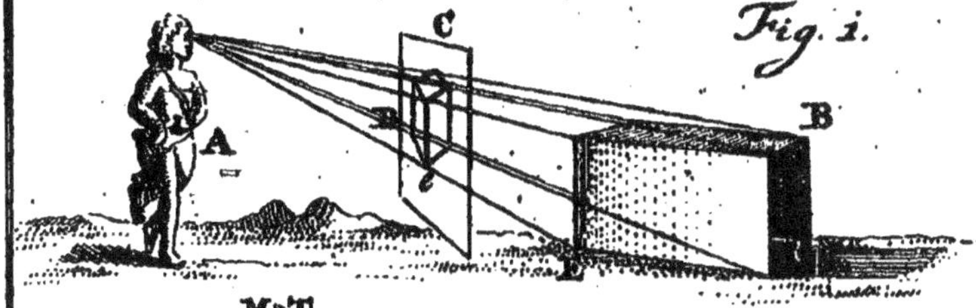

Fig. 1.

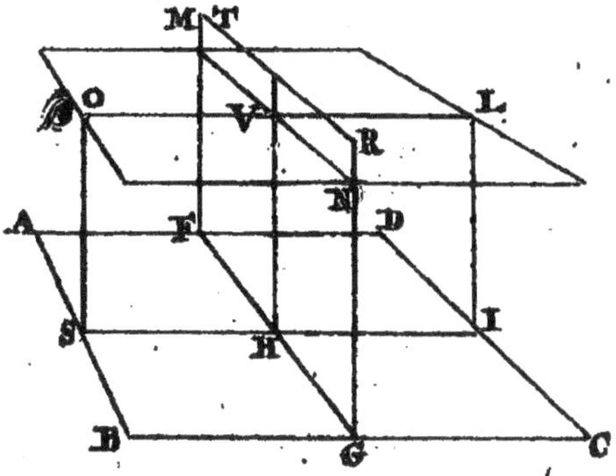

Fig. 2.

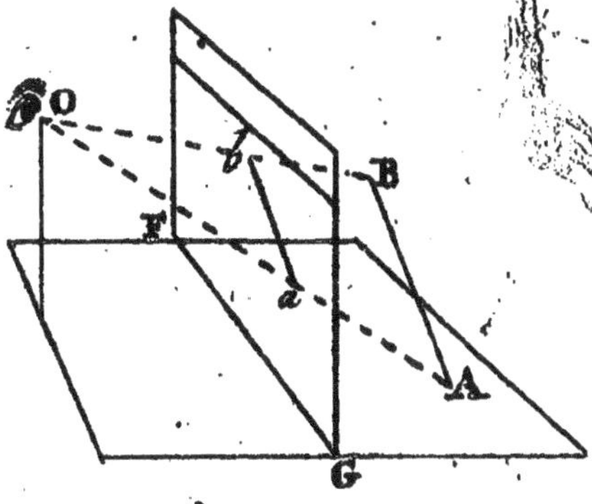

Fig. 3.

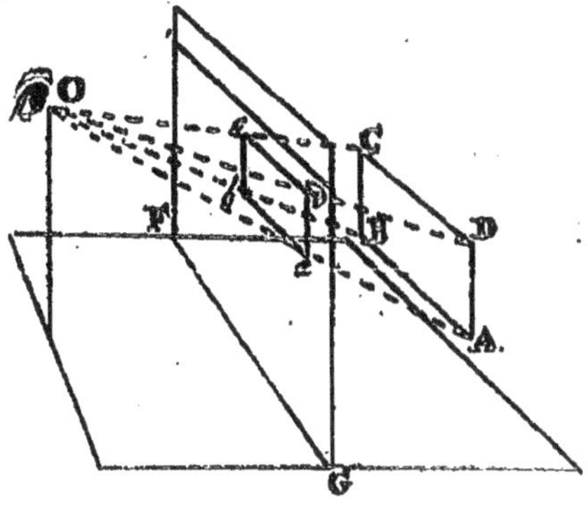

Fig. 4.

Essai de Perspective.

de élevée en l'air perpendiculairement à la premiére, & la troisiéme inclinée; les Apparences de ces trois Lignes sont égales.

Cela paroît clairement, de ce qu'on peut considérer ces Lignes comme une Figure paralléle au Tableau, & que par conséquent elles auront le même raport avec leur Perspective.

Remarquez que la premiére de ces trois Lignes est toûjours paralléle à la Ligne de terre, & que la seconde, quand le Tableau est perpendiculaire, est aussi perpendiculaire au Plan Géométral, & que la troisiéme alors a la premiére pour direction.

COROLLAIRE II.

Si deux Lignes droites, égales entr'elles & parallèles au Tableau sont également éloignées du Tableau, leurs Apparences seront égales.

Car

Car étant dans un Plan paralléle au Tableau, ces Lignes auront un même rapport avec leurs Représentations.

THEOREME III.

12 *Si une Ligne paralléle au Tableau est regardée par deux yeux qui soient dans un Plan paralléle au Tableau, les Apparences de cette Ligne seront égales.*

Si l'on suppose que par la Ligne proposée, il passe un Plan paralle-
* 9 le au Tableau, on aura* cette proportion; la distance des yeux à ce Plan, est à leur distance au Tableau, comme la Ligne donnée est à la Représentation de cette Ligne. Mais les trois premiers termes de cette proportion sont les mêmes pour chacun de ces yeux qui sont dans un même Plan paralléle au Tableau. Partant le quatriéme terme de cette proportion est aussi
le

le même dans les deux cas. Ce qu'il falloit démontrer.

THEOREME IV.

Si une Ligne droite étant conti- nuée, rencontre le Tableau en un point, son Apparence sera une partie de la Ligne menée de ce point dans le Tableau à un autre point, où aboutit une Ligne droite qui part de l'œil paralléle à la Ligne proposée.

La Ligne CD étant continuée, Fig. 5. rencontre le Tableau dans le point E. Il faut démontrer que son Apparence est une partie de la Ligne EH, qui est menée du point E au point H, où aboutit dans le Tableau, la Ligne OH qui part de l'œil paralléle à la Ligne donnée CD.

L'intersection du Tableau avec le Plan ODC est la représentation de la Ligne donnée. Or ce Plan
ODC

ODC est une partie du Plan qui passe par les paralléles O H & E C.

Donc cette Représentation est une partie de l'intersection de ce dernier Plan avec le Tableau; laquelle intersection est E H.

COROLLAIRE I.

14 *Toutes les Lignes paralléles en-tr'elles, qui étant prolongées rencontrent le Tableau, ont des Représentations, qui étant prolongées, se rencontrent toutes dans un point.*

Cela est évident, puis qu'on ne peut tirer de l'œil O au Tableau, qu'une seule Ligne OH, qui leur soit paralléle, & qu'ainsi toutes leurs Représentations sont les parties de Lignes qui se rencontreront au point H.

Def. 17. *Ce point est nommé le point accidental de ces Lignes paralléles.*

COROLLAIRE II.

Deux ou plusieurs Lignes pa- 15 *ralléles entr'elles, & parallèles au Plan Géométral, si elles ne le sont pas au Tableau, ont leur point accidental dans la Ligne Horisontale.*

Car le Plan Horisontal est paralléle au Plan Géométral.

COROLLAIRE III.

Les Représentations de toutes 16 *les Lignes parallèles à la Ligne de Station, se rencontrent au point de vüe.*

Cela suit de ce que le Raïon principal est paralléle à ces Lignes.

COROLLAIRE IV.

Deux ou plusieurs Lignes éga- 17 *les, étant perpendiculaires ou également*

lement inclinées de même part sur une même Ligne parallèle à la Ligne de Station, leurs Perspectives sont bornées par deux Lignes qui aboutissent au point principal.

Toutes ces Lignes étant parallèles & égales, la Ligne qui passe par leurs sommets est parallèle à celle qui passe par leurs bases, & celle-ci étant parallèle à la Ligne de Station, il s'ensuit * que les Apparences de toutes deux aboutissent au point principal.

* 16

Theoreme V.

28. *La Perspective d'une Ligne indéfinie ne change point quand l'œil se meut dans une Ligne parallèle à la Ligne proposée.*

La Perspective de cette Ligne est l'intersection du Tableau avec un Plan qui passe par l'œil & par cette même Ligne. Or l'œil demeure dans ce même Plan quand il
se

se meut dans une Ligne paralléle à la Ligne proposée; & par conséquent la Perspective de cette derniére ne change point par ce mouvement.

REMARQUE.

Cette Démonstration ne se rapporte point à chaque partie de la Ligne donnée, mais à la Ligne en général.

THEOREME VI.

Soit AC une Ligne inclinée au Plan Géométral, & OD une autre Ligne tirée de l'œil au Tableau, & paralléle à la premiére AC. Maintenant qu'on méne dans le Plan Géométral BA parallele à la Ligne de terre, & DE dans le Tableau paralléle à la méme Ligne; & qu'on la méne en sorte que BA soit à AC, comme ED

Fig. 6.

E d à *D O*. Je dis que la Perspective de la ligne B C, qui passe par le point B, & par l'extremité de la ligne A C, étant continuée, rencontre le point E.

*. 13.   Il est évident * que pour démontrer cette vérité, il suffit de prouver que O E est paralléle à B C: ce qui se fait de la maniére suivante.

A B est paralléle à E D, & A C l'est à O D, par conséquent l'Angle E D O du Triangle O E D, est égal à l'Angle B A C du Triangle A C B; & ainsi ces deux Triangles sont semblables, puis qu'ils ont d'ailleurs deux côtez proportionels. Mais puis que ces deux Triangles semblables, ont deux de leurs côtez paralléles, le troisiéme B C est aussi paralléle à O E.

Ce qu'il falloit démontrer.

COROLLAIRE.

Si l'on fait A B égale à A C & E D égale à O D, la Perspective de B C passera par le point E.

20.

CHAPITRE TROISIÉME.

Pratique de la Perspective sur le Tableau Perpendiculaire.

POur donner une idée claire de la Théorie, j'ai considéré jusqu'ici le plan Géométral, comme un fond sur lequel seroient les objets & le Spectateur ; & le Tableau comme une Fénêtre entre le Spectateur & les objets, dans laquelle on voudroit représenter ce qui paroîtroit au dehors. Mais pour la pratique, il faut concevoir la chose d'une toute autre manière : ce que je je vais expliquer le plus clairement qu'il me fera possible.

Suppofons qu'un Peintre veüille, dans un Tableau dont il détermine la grandeur à fon choix, deffiner une Campagne où il y ait des Arbres, des Maifons, des Riviéres, &c. Par ce que nous avons dit, cette Campagne fera fon Plan Géométral, & il devra confidérer fon Tableau comme une fenêtre, fur laquelle il doit trouver les points par où paffent les raïons qui viennent de tous les points des objets vers fon œil. Mais ces interfections des raïons & de la fenêtre, ne peuvent être déterminées que par des lignes menées dans le Plan Géométral à la ligne de terre. Or il feroit impoffible aux Peintres, de mener de pareilles lignes dans une Campagne; ainfi il faut qu'ils prennent un autre Plan Géométral plus commode.

Pour cet effet ils placent au bas de

de leurs Tableaux, un Plan, dans lequel ils tracent en petit les bazes des Maisons, & des Arbres qui sont dans la Campagne, & l'appui des points, qui, dans ces objets, sont élevez au dessus de la Campagne, en conservant dans ce nouveau Plan Géométral, aux objets & à leurs diverses parties, la même disposition qu'elles ont véritablement entr'elles dans la Campagne.

A présent pour déterminer dans ce Plan la grandeur de l'espace que doivent occuper ces Figures, un Peintre, après avoir choisi la disposition qu'il veut donner à son œil par rapport au Tableau, doit tirer du point de Station, par les extrémitez du Tableau, deux lignes qui borneront l'endroit où ces figures doivent être placées, puisque les rayons qui, des Figures qui seroient au delà de ces lignes, partiroient vers l'œil, ne passeroient plus par le Tableau.

21. Ces Figures étant ainsi tracées dans le Plan Géométral, il ne s'agit plus que d'en trouver la Perspective dans le Tableau : mais ces Figures ne consistent que dans des lignes droites ou courbes. Pour trouver la représentation d'une ligne droite, il faut chercher seulement celle de ses extrémitez ; & pour avoir l'apparence d'une ligne courbe, il ne faut que trouver la Perspective de plusieurs de ses points. Or comme tout ceci convient également aux Figures qui sont dans le Plan Géométral, & à celles qui sont au-dessus, il s'ensuit que toute la pratique de la Perspective se réduit à savoir trouver la représentation d'un point.

Pour trouver cette représentation, nous n'employons dans les Problêmes suivans que certaines lignes tirées dans le Plan Géométral & dans le Plan Horizontal, lesquelles par leur intersection avec la ligne de Terre & avec la Ligne Horizontale, donnent le moyen de tracer dans le Tableau de nouvelles lignes, qui déterminent les Perspectives proposées. Or il est visible que pour trouver ces intersections, il n'est pas nécessaire de placer son Tableau perpendiculaire au Plan Géométral & au Plan Horizontal, ce qui rendroit le travail très pénible. On peut donc considérer le Tableau & le Plan Horizontal, comme couchez sur le Plan Géométral, & ne faisant qu'un même Plan avec lui.

Le Tableau peut être couché de deux maniéres, ou sur la face qui regarde les objets, ou sur celle qui est du côté de l'œil. Comme dans cette seconde situation on trace ses Représentations sur la face qui est vers les objets, le Tableau étant couché sur son autre face, ce qui doit être à droit dans ces Représentations est à gauche, & ce qui doit être à gauche est à droit ; cela faisant le même effet que si après avoir fait un dessein, on le regardoit par derriére.

Malgré ce défaut nous préférons cette seconde maniére de coucher le Tableau à la premiére : en voici les raisons. 1. Quand on couche le Tableau de l'autre façon, on le couche sur l'endroit du Plan Géométral où il y a déja des Figures tracées, ce qui avec les nouvelles lignes qu'on est obligé de tirer, cause une confusion très-incommode, & oblige toûjours à faire une copie de son Ouvrage. Inconvenient à quoi par la seconde méthode on est rarement exposé. 2. Par la maniére que nous avons choisie, on travaille avec beaucoup plus de facilité. Enfin on peut remédier en plusieurs maniéres au défaut que nous avons marqué. Car en traçant son Plan Géométral, on n'a qu'à mettre à droit ce qu'on veut

veut représenter à gauche : ou si le Plan Géométral est tracé sur du papier, on peut en le frottant d'huile ou de vernis le rendre transparent, & mettre ensuite en Perspective le revers du Papier. Et si tout cela n'accommode pas, après avoir achevé son Ouvrage, on peut en le copiant y corriger ce défaut ; ce que l'on peut faire aisément par la Géométrie, & si l'on veut plus facilement encore, en appliquant à la vitre le côté sur lequel on a tracé la Perspective.

Je couche donc mon Tableau sur le Plan Géométral, en sorte qu'il est entre le Plan Horizontal, & les Figures qu'il faut mettre en Perspective.

PROBLEME I.

Trouver la Perspective d'un point 22. qui est dans le Plan Géometral.

Soit Z le Plan Géométral, X Fig. 7. le

le Tableau, I E la ligne de Terre, D V la ligne Horizontale, V le point de vûë, D un des points de distance, & A le point donné.

PRATIQUE.

Du point A, abaissez la Perpendiculaire A B sur la ligne de Terre, & du point de rencontre B, menez la ligne B V au point de vûë; prenez sur la ligne de Terre, B E égal à B A, & du point E tirez la ligne E D au point de distance D : le point *a* intersection de B V & de E D est la Perspective cherchée.

DÉMONSTRATION.

23.
*16.
La Perspective de la ligne A B est * une partie de la ligne B V. Si on suppose que de l'œil il parte une ligne vers le point D, & une autre du point A vers le point E, ces deux lignes seront parallèles, étant
dans

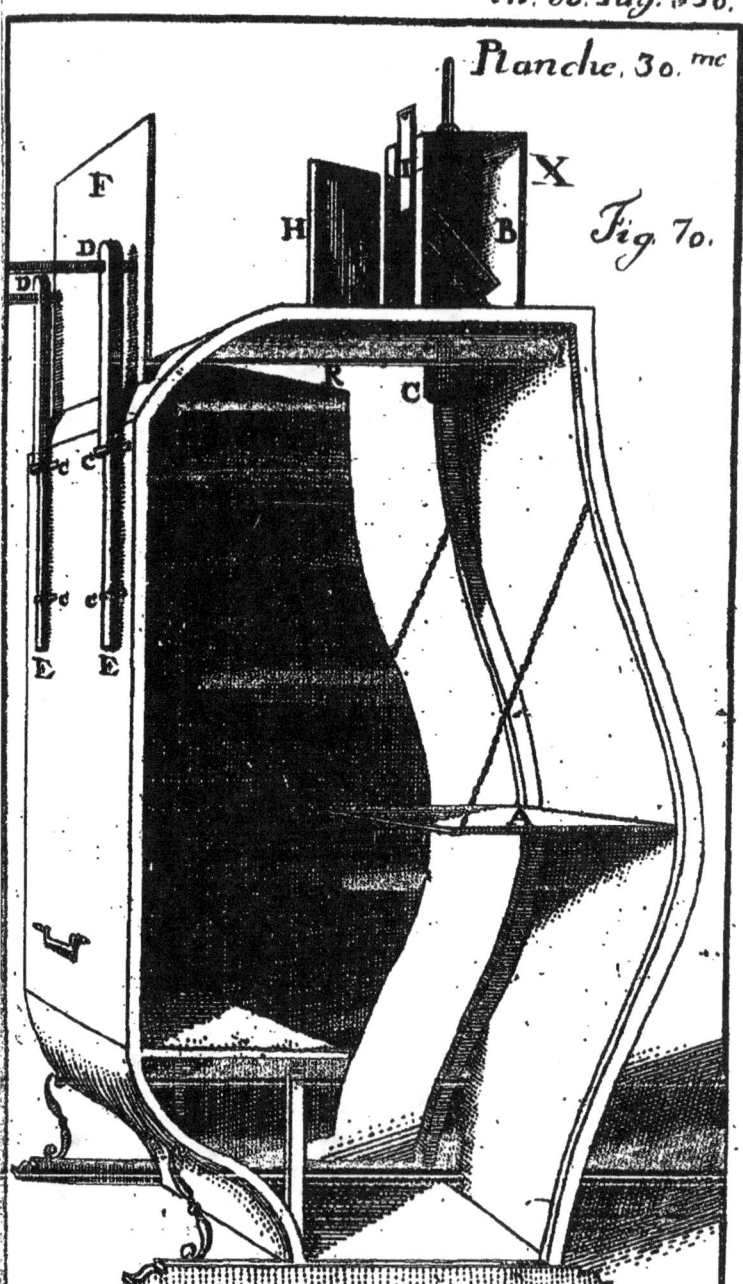

dans des Plans paralléles, & faisant chacune avec le Tableau un angle demi droit; & par conséquent la Perspective de la ligne A E est *une partie de la ligne E D. *13. Or puisque le point A, est dans les deux lignes A B & A E, la Perspective de ce point sera aussi dans les Perspectives de ces deux lignes, & par conséquent en *a* commune Section de B V, & de E D.

REMARQUE.

Si la distance de l'œil étoit trop 24. grande pour qu'on pût marquer un des points de distance sur la ligne Horizontale, on pourroit se servir d'un autre point F, qui ne seroit éloigné du point de vûë que du tiers ou du quart de la distance de l'œil, pourvû qu'on prît alors aussi une partie correspondante de la Perpendiculaire A B, pour la porter sur la ligne de Terre de B en G.

B 4 C'est

25. C'est ainsi qu'on peut trouver la Perspective du point fort éloigné, pourvû que l'on connoisse sa distance au Tableau, & l'endroit où une Perpendiculaire tirée de ce point rencontreroit la ligne de Terre. Car après avoir mené une ligne comme B V, de cette rencontre au point de vûë, il faut prendre sur la ligne de Terre B E égal, par exemple, à la dixiéme partie de la distance du point dont on cherche la Perspective, & V H sur la ligne Horizontale, égal de même à la dixiéme partie de la distance de l'œil. Alors C intersection de B V, & de E H, sera la Perspective demandée. On doit employer cette méthode pour trouver les Lointains dans les Tableaux.

On peut encore trouver la Perspective du point A sans tirer la ligne B V, en prenant B I aussi égale à B A, & en tirant de ce point I une ligne à l'autre point de distance,

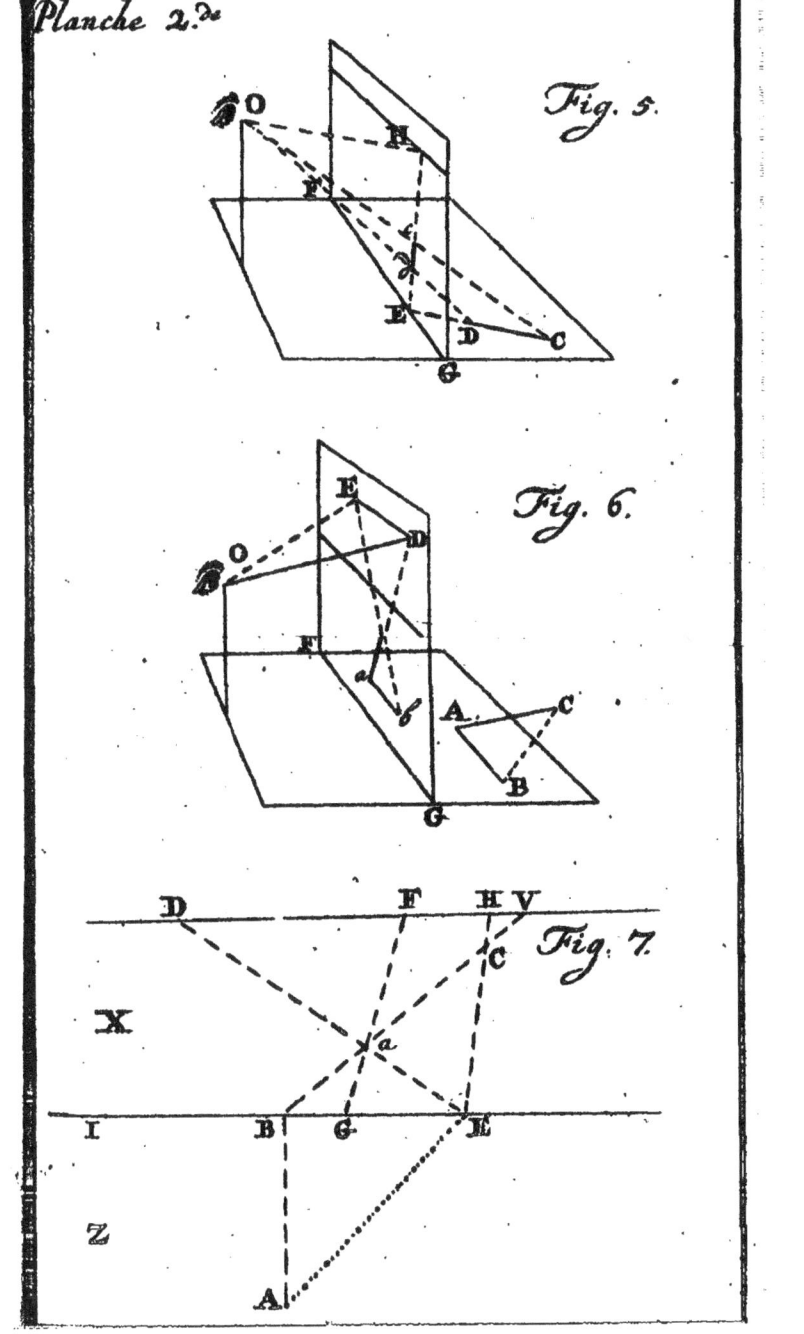

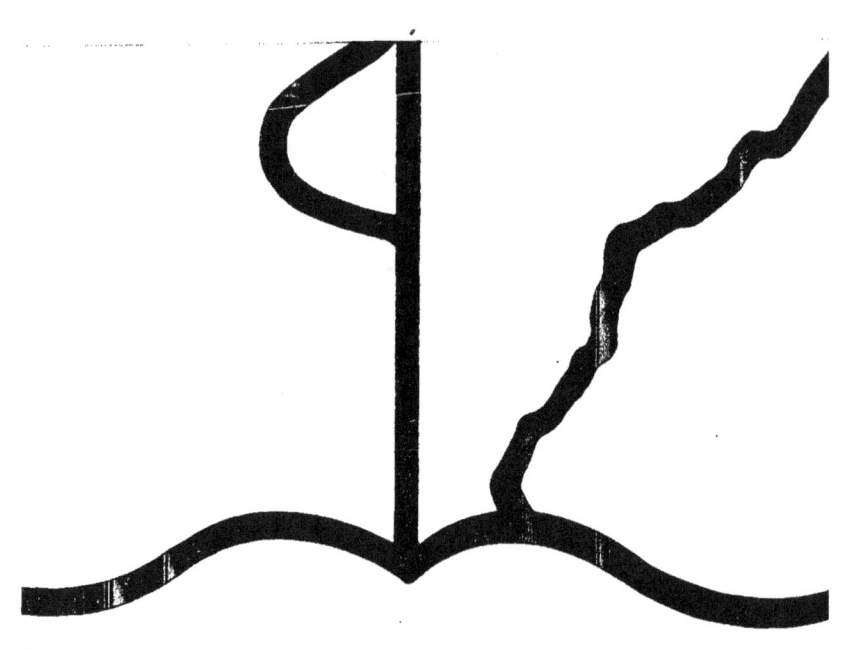

Texte détérioré — reliure défectueuse

NF Z 43-120-11

ce, laquelle donnera la Perspective du point A par son intersection avec ED.

SECONDE METHODE.

Le Plan Horizontal est Y, X le Tableau, Z le Plan Géométral, O l'œil, DC la ligne Horizontale, BE la ligne de Terre, & A le point donné.

Fig. 8. 26.

Pratique.

Du point A tirez à l'œil O une ligne qui coupe la ligne de Terre au point B & la ligne Horizontale au point C; prenez sur la ligne de terre BE égal à BA, & sur la ligne Horizontale CD égal à CO, joignez les points E & D par une ligne qui coupera la ligne AO dans le point *a* qui sera la Perspective cherchée.

Demonstration.

27. Le triangle O D C dans le Plan Horizontal, est semblable au triangle A B E dans le Plan Géométral; par conséquent A B est paralléle à O C, & A E à O D. Donc la Perspective de A doit être * dans les lignes B C & E D & partant en *a* leur intersection.

*13

Remarque.

28. Si on ne connoissoit point l'endroit où doit être placé l'œil dans le Plan Horizontal, mais que l'on eût le point de vûë; alors pour trouver l'endroit de l'œil, il faudroit élever dans le point de vûë à la ligne Horizontale, une perpendiculaire égale à la longueur du rayon principal; l'extrémité de cette perpendiculaire sera le point cherché.

Quand

Quand rien n'est déterminé, on peut prendre à discretion dans le Plan Horizontal, l'endroit où l'on veut placer l'œil.

TROISIEME METHODE.

Les mêmes choses étant données 29. que dans la méthode précédente, Fig 9. de l'œil O comme centre, décrivez la portion de cercle I H qui rase la ligne Horizontale.

PRATIQUE.

Du point donné A comme centre, décrivez la portion de cercle L C, rasant la ligne de Terre. Puis menez les deux lignes C H & L I, dont chacune rase les deux cercles L C & H I. Le point *a* intersection de ces deux lignes est la Perspective cherchée.

DEMONSTRATION.

30. Pour le démontrer, tirez la ligne A B, perpendiculaire à la ligne de Terre; O V perpendiculaire à la ligne Horizontale; A C & O H perpendiculaires à la tangente H C. Toutes ces perpendiculaires rencontrent les lignes à quoi elles sont perpendiculaires dans les points où ces derniéres touchent le cercle L B C, ou H V I. Tirez aussi du point donné A, la ligne A E au point E, où la ligne H C coupe la ligne de Terre ; enfin tirez O D de l'œil O au point D, où la même ligne H C coupe la ligne Horizontale,

27 Il est évident que pour démontrer que la Perspective de A est dans la ligne C H, il suffit de prouver que O D est paralléle à A E. Je le prouve ainsi.

A cause des triangles semblables
O G V

OGV & ABF.
AF, AB :: OG, OV.
altern.
AF, OG :: AB, OV.

Divid. & altern. la premiére proportion.

AF-AB=CF, OG-OV=HG :: AB, OV.

Mais à cause des triangles semblables E CF & HGD.

CF, HG :: EF, GD

Donc si l'on à égard aux deux derniéres proportions des autres triangles.

EF, GD :: AF, OG, & l'Angle AFE étant égal à l'Angle OGD, les Triangles AEF & ODG sont semblables ; & partant, AE est paralléle à OD. Ce qu'il falloit démontrer. On démontrera de même que la Perspective du point A est dans la ligne L I, & par conséquent en *a* intersection de cette ligne avec HC.

REMARQUE.

Bien que cette méthode paroisse plus difficile que les précédentes, à la considérer Géométriquement, elle ne laisse pas d'être plus aisée dans la pratique pour les points qui ne sont pas trop éloignez de la ligne de terre : car on peut fort bien tirer à la vuë, des cercles qui rasent des lignes, & des lignes qui rasent des cercles.

QUATRIEME METHODE.

31. Par l'œil O tirez à la ligne de Terre la paralléle F O G ; prenez sur cette ligne F O égal à la hauteur de l'œil, & O G égal à longueur du rayon principal. A est le point donné.

Fig. 10.

ch. ob. Pag. 38.
Planche. 32.me

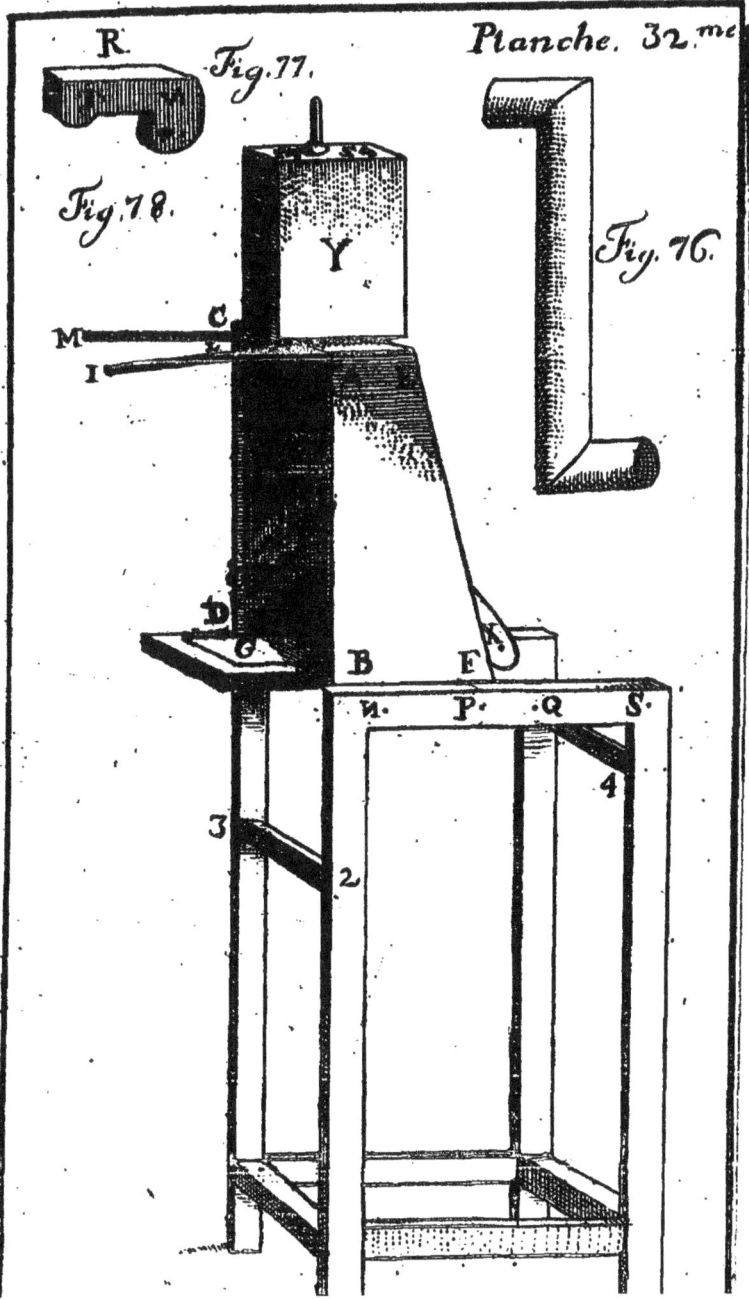

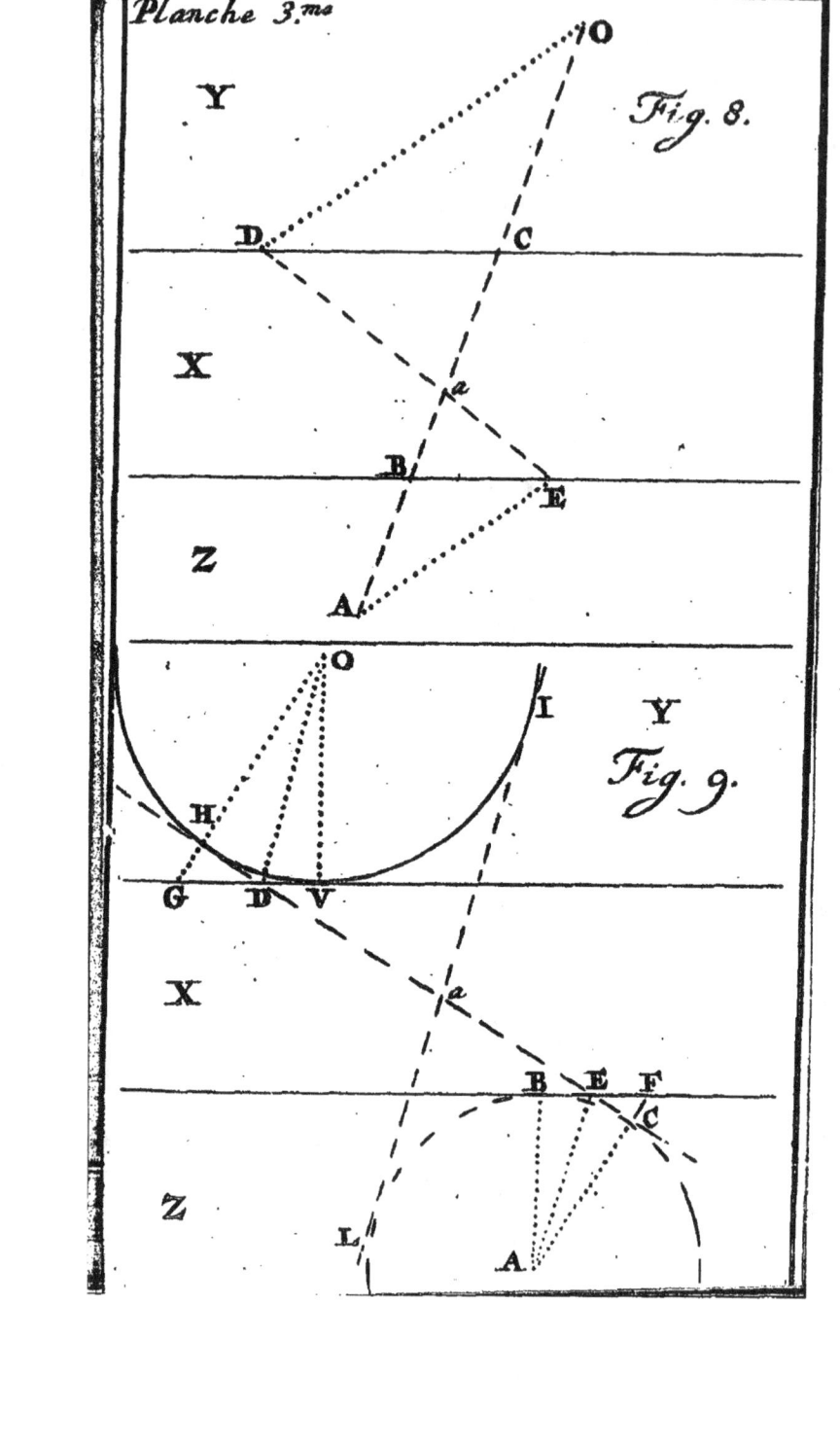

PRATIQUE.

Sans employer le compas.

Menez du point donné A, aux points O & F les lignes A O & A F, & du point E où A F coupe la ligne de Terre, tirez au point G la ligne E G; le point *a* intersection de A O & E G est la Perspective cherchée.

DEMONSTRATION.

Du point G abaissez sur la ligne de Terre la Perpendiculaire G M, & menez par l'œil O la ligne O D au point D intersection de la ligne Horizontale avec G E.

32.

A cause des Triangles semblables GDL & GEM
    GD, GE :: GL, GM.
Mais G O a été fait égale à G L, & O F à L M

donc

donc
GD, GE :: GO, GF
& par conséquent les Triangles G O D & G F E font semblables, & les ligne O D & A E F parallé-
*13 les entr'elles, & partant * la Perspective de A E est une partie de la ligne E D G. On a démontré d'ail-
*27 leurs * que la Perspective du point A est dans la ligne A O ; partant elle est en *a* intersection de cette derniére ligne avec E D G. Ce qu'il falloit démontrer.

REMARQUE.

33. On voit par cette Démonstration qu'il n'est pas nécessaire de prendre justement G O égal à la distance de l'œil, & O F égal à sa hauteur, mais qu'il suffit que ces deux lignes ayent entr'elles la même proportion qui est entre cette distance & cette hauteur. Il n'est pas même nécessaire de prendre les points

points G & F dans une ligne paralléle à la ligne de Terre, mais on peut se servir de quelqu'autre ligne que ce soit, qui passe par l'œil O. Soit par exemple gOf une ligne menée au hazard par l'œil O ; prenez à discrétion sur cette ligne le point g, par lequel menez aussi à discrétion la ligne g N I, coupant la ligne Horizontale en N, & la ligne de Terre en I ; menez la ligne O N, & par le point I menez lui une paralléle I f coupant la ligne gOf en f.

On pourra se servir alors des points g & f au lieu de G & F ; car il est évident que dans toutes les lignes qu'on pourra mener, comme g N I, g N sera toûjours à g I : : gO, gf, ce qui suffit pour la Démonstration.

Si on avoit premiérement déterminé le point f, on auroit trouvé le point g, par une opération contraire à celle que nous venons de décrire.

Quand

34. Quand rien n'est déterminé on peut, après avoir tiré une ligne qui doit servir de ligne de Terre, prendre à discrétion, sur une autre menée au hazard, les trois points g O f; de sorte que dans ce cas on n'a en aucune maniére besoin du Compas, pour mettre en Perspective quelque Figure que ce soit, qui est dans le Plan Géométral. Mais si après avoir travaillé de la sorte, on vouloit connoître le point de vûë la distance & la hauteur de l'œil, il faudroit par les points f & O abaisser sur la ligne de Terre, les Perpendiculaires f P & O H, & mener la ligne P g le point V où elle coupe la Perpendiculaire O H est le point de vûë cherché, & les parties O V & V H déterminent la distance & la hauteur de l'œil.

CIN-

Pag. 12.

Planche 4.me

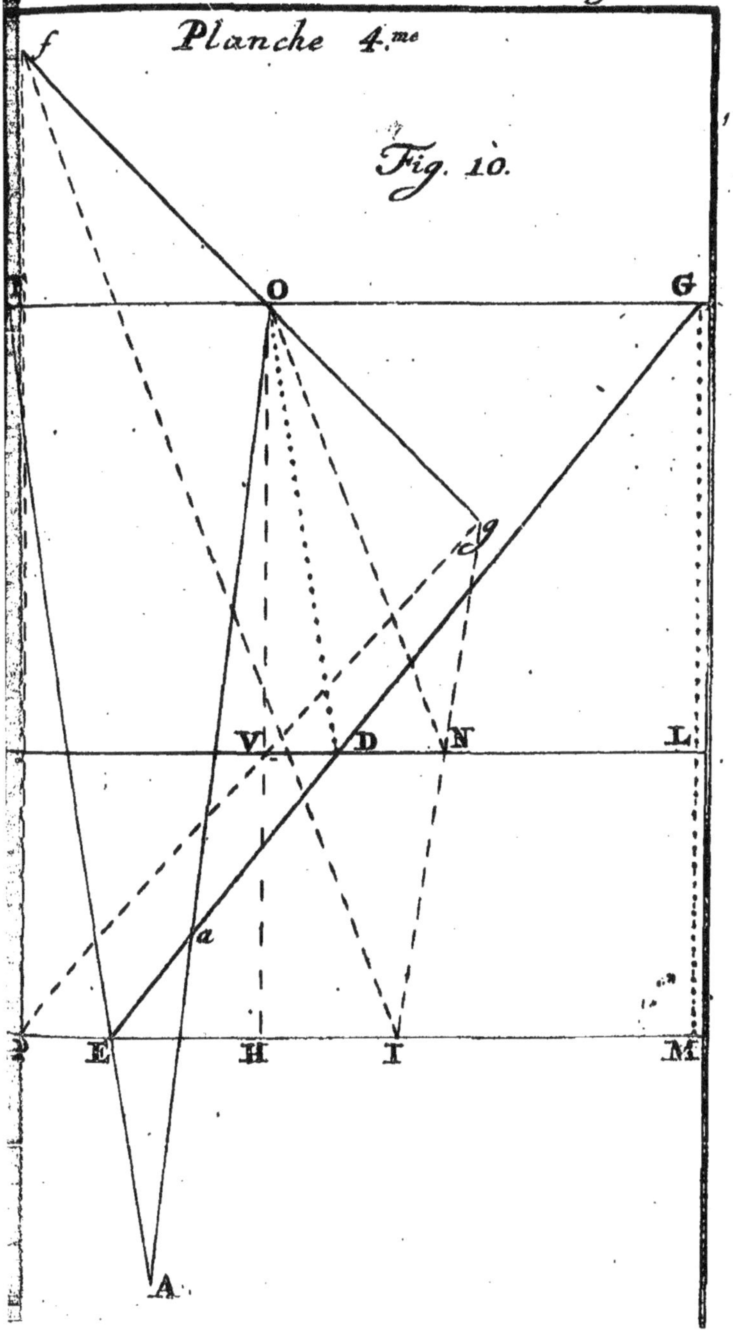

Fig. 10.

CINQUIEME METHODE.

Quand on a la Perspective 35. d'un point connu.

Soit A un point dans le plan Fig. 11. Géométral, *a* sa Représentation dans le Tableau, il faut trouver celle de B.

PRATIQUE.

Sans employer le Compas.

Menez du point B une ligne à l'œil O, & une autre au point A du point E où cette derniére étant continuée rencontre la ligne de Terre; tirez la ligne E *a*, qui par son intersection avec BO donne le point cherché *b*.

DEMONSTRATION.

36. Le point E est sa propre Repréfentation : & puisque le point *a* est la Repréfentation de A, la ligne E *a* est celle de E A. Or puisque le point B est dans la ligne E A, la Perspective de ce point fera auffi dans E *a*, de même que dans B O* & par conféquent en *b* interfection de ces deux lignes.

* 27

REMARQUE.

37. Si le point A étoit dans la ligne B O, ou que la ligne B A fût paralléle ou fort peu inclinée à la ligne de Terre, on ne pourroit pas fe fervir de cette méthode, qu'en trouvant par le moyen du point A la Perspective d'un autre point pris à difcrétion dans le Plan Géométral, laquelle ferviroit dans la fuite pour trouver celle du point B ; mais le
plus

plus court dans ces cas là, est d'employer quelqu'une des méthodes précédentes.

COROLLAIRE.

On voit par cette méthode que 38. quand on à la Perspective de deux points que l'on connoît, on peut trouver celle de quelqu'autre que ce soit, sans avoir égard à la situation de l'œil, puisque dans ce cas on peut mener deux lignes telles que E *a* qui par leur intersection donnent le point cherché.

SIXIEME METHODE.

Les mêmes choses étant données 39. que dans la méthode seconde, soit Fig. 12. F C la ligne Géométrale.

PRATIQUE.

Du point donné A menez à discrétion deux lignes A F & A C, qui coupent la ligne de Terre dans les points E & B, & rencontrent la ligne Géométrale dans les points F & C. De ces deux derniers points menez à l'œil les lignes F O & C O, puis par le point E menez E *a* paralléle à F O & par le point B, B *a* paralléle à C O. Le point *a* intersection de ces deux lignes sera le point cherché.

On peut aussi commencer par tirer au hazard les lignes O F & O C, & mener par leur rencontre avec la ligne Géométrale, les lignes A C & A F ; ce qui revient à la même chose.

DÉMONSTRATION.

Pour la Démonstration, ayant continué la ligne E a jusques à ce qu'elle rencontre la ligne Horizontale en D, menez un ligne de D à l'œil, & menez par l'œil une paralléle à la ligne de Terre.

Les paralléles O M & F C sont autant éloignées l'une de l'autre que L D l'est de E B; d'où il s'ensuit que F O est égal à E D, & partant O D paralléle à F A. Donc* la Perspective de E A est une partie de E D. On démontrera de même que la Perspective de B A est une partie de B a.

*13

REMARQUE.

Quand on n'a rien de tracé, & que l'on veut employer cette méthode, on peut se passer de la ligne Horizontale; & alors après avoir tracé

40.

tracé la ligne Géométrale, dont la distance à la ligne de Terre est égale à la longueur du rayon principal, on prend la distance de l'œil à la ligne Géométrale égale à la hauteur de l'œil.

Quoi que cette méthode paroisse inutile, étant plus difficile que les précédentes, nous montrerons dans le Chapitre huitième l'usage qu'on en peut tirer.

COROLLAIRE.

42. Il suit de cette Démonstration que les Perspectives des lignes qui passent par le point de Station, sont toutes Perpendiculaires à la ligne de Terre. Car si de l'œil O on abaisse sur la ligne Géométrale la Perpendiculaire O S, les Perspectives de toutes les lignes qui passent par S seront Perpendiculaires à la ligne de Terre ; mais ce point S est le point de Station. Donc &c.

PRO-

Planche. 5.me

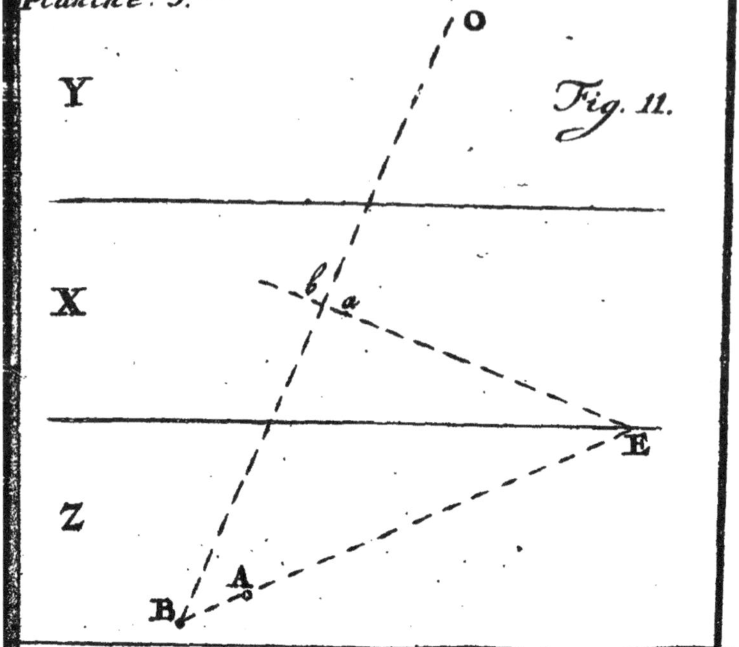

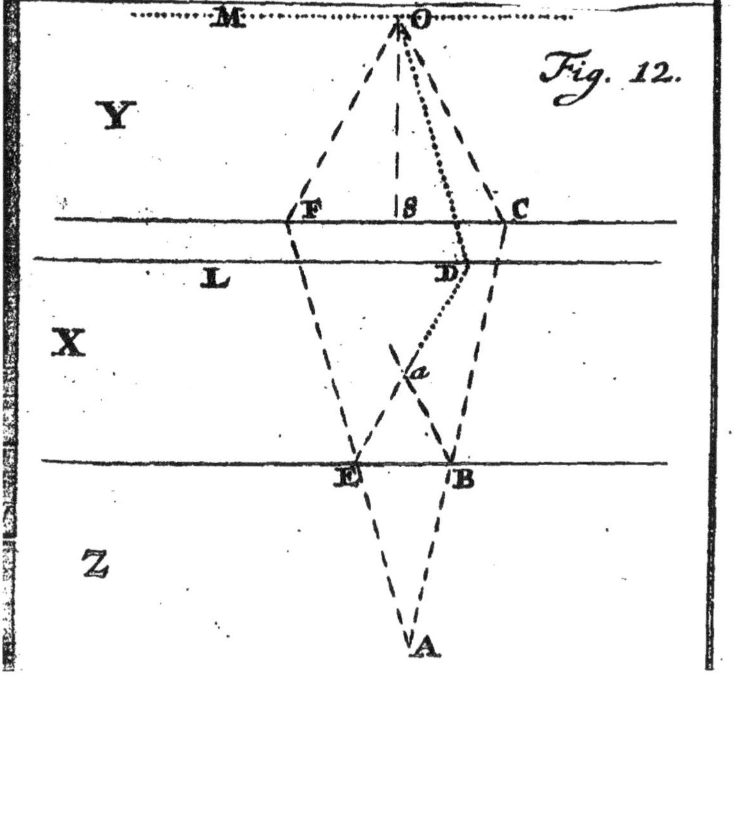

Fig. 11.

Fig. 12.

PROBLEME II.

Mettre en Perspective une li- 43.
gne qui est dans le Plan
Géométral.

J'ai dit * que pour avoir la Per- * 21.
spective d'une ligne droite, il suf-
fisoit de trouver celle des extrémitez de cette ligne; & quoi qu'il ne
soit pas mal aisé de trouver * la * 22
Perspective de deux points, j'ajoû-
terai néanmoins ici la maniére de
trouver plus facilement en certains
cas la Perspective d'une ligne.

1. Soit AB une ligne paralléle à la Fig. 13.
ligne de terre. Pour en avoir la
Perspective, après avoir trouvé le
point *a* Perspective de A, une
des extrémitez de cette ligne; menez par cette Perspective une paralléle à la ligne de terre; bornez
cette paralléle par la ligne BO
C me-

menée de B à l'œil : alors *b a* sera la Perspective cherchée.

44. 2. Soit CG une ligne, qui étant continuée rencontre la ligne de terre en E. Pour en trouver la Perspective, menez à cette ligne par l'œil O, une parallèle qui rencontre la ligne Horizontale en D ; joignez les points E & D par une ligne ED ; coupez cette ligne aux points *c* & *g*, par des lignes qui des points C & G aboutissent à l'œil ; la partie *cg* de la ligne ED est la Perspective cherchée.

REMARQUE.

Si les lignes GO & CO rencontroient trop obliquement ED, pour qu'on pût déterminer exactement leurs intersections, on ne pourroit pas se servir de cette Méthode.

PROBLEME III.

Trouver la Perspective des divisions d'une ligne qui est dans le Plan Géométral. 45.

Soit A B une ligne dont la Perspective est *a b*. Pour trouver la Représentation des divisions de cette ligne, il faut mener de ces divisions à l'œil, des lignes qui par leurs intersections avec *a b* donneront les points que l'on cherche. Fig. 14.

Quand ces lignes rencontent trop obliquement *a b*, on doit se servir de la méthode suivante.

SECONDE METHODE.

Pour trouver la Perspective des divisions de la ligne G C, prenez à discretion, hors de cette ligne, le point D, dont il faut trouver 46.
Fig. 14.
*22

la Perspective *d*; puis par les divisions proposées, menez des lignes à ce point D, & des points où ces lignes prolongées rencontrent la ligne de terre; menez par la Perspective *d*, d'autres lignes, qui par leur rencontre avec *c g*, Représentation de C G, donneront les divisions cherchées.

PROBLEME IV.

47. *Mettre en Perspective un Poligone ou quelque autre figure qui est dans le Plan Géométral.*

* 21.   On peut * trouver la Perspective de toutes sortes de figures, par chacune des méthodes du Problê-
* 23. me 1. * La quatriéme * générale-
* 31. ment est la plus facile; on peut s'en servir d'abord pour trouver la Perspective de quelques points, ou quel-

Planche 6.me

Fig. 13.

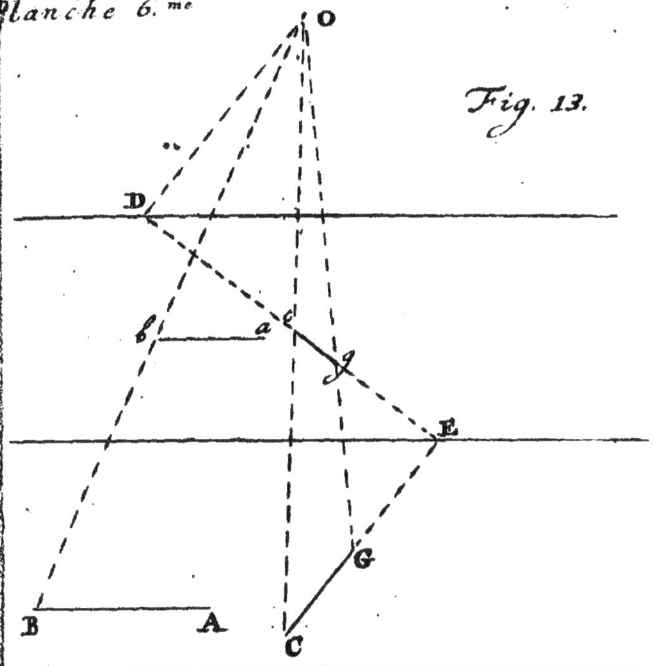

Fig. 14.

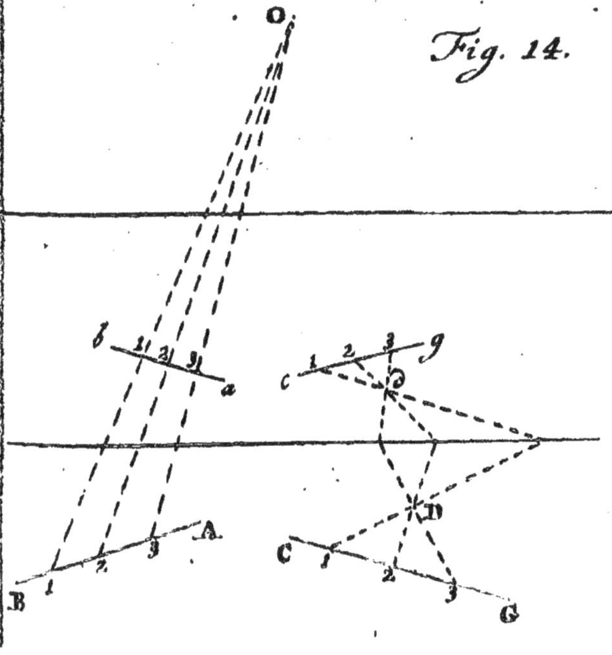

quelquefois seulement d'un seul ; après quoi la méthode cinquiéme * sert à trouver le reste. Quelquefois encore on abrége par les deux Problêmes précédens, comme on le verra dans les exemples qui suivent.

* 35.

EXEMPLE I.

Mettre en Perspective un Pentagone qui a un de ses côtez paralléle à la ligne de terre.

Soit ABCDE le Pentagone proposé, dans lequel tirez la ligne BD qui sera paralléle à AE, par ce que le Pentagone est régulier.

Fig. 15.

Trouvez * la Perspective de ces deux lignes AE & BD & vous aurez celle de quatre coins du Pentagone ; pour déterminer le cinquiéme, cherchez * la Perspective d'une ligne qui aille de C en E, & qui

* 44.

* 43.

dans

dans l'exemple préfent eft paralléle à la ligne de terre, A B ayant été
fait paralléle à la même ligne.

EXEMPLE II.

Mettre en Perspective un Parallélograme partagé en plufieurs autres Parallélogrames.

Fig. 17.   Soit ABCD un parallélograme partagé en plufieurs autres.

Menez par l'œil O à la ligne AD, la paralléle O G, qui rencontre la ligne Horizontale en G; menez auſſi à A B la paralléle O F rencontrant la même ligne Horizontale en F. Prolongez les côtez du parallélograme & les lignes qui le divifent, jufques à la ligne de terre; & des points où aboutifent A D, C B, & les lignes qui leur font paralléles, menez des lignes au point G.

G. De même des points où aboutissent A B & D C avec leurs paralléles, il faut tirer au point F des lignes, qui par leur intersection avec celles qui vont au point G, donneront la Perspective que l'on cherche.

REMARQUE.

Quand on ne peut pas user de la méthode que nous venons de donner, il faut trouver *la Perspective des divisions qui partagent les côtez du parallélograme. Souvent même on doit avoir recours à cet expédient pour quelques-uns des côtez, quoi qu'on ait les points accidentaux G & F. Cela arrive quand le parallélograme est si éloigné du Tableau, que ses côtez étant prolongez ne peuvent pas rencontrer la ligne de terre.

Remarquez encore que cet exemple seul peut suffire pour mettre

* 45.

48.

en Perspective toutes sortes de figures, quand elles sont dans le Plan Géométral : pour cet effet on circonscrit à ces figures un parallélograme quelconque, & on le divise en plusieurs autres : on met en Perspective ce parallélograme ainsi divisé, & on y transporte la figure donnée, en lui donnant par rapport aux petits parallélogrames dans le Tableau, la même situation qu'elle avoit à l'égard des petits parallélogrames dans le Plan Géométral.

EXEMPLE III.

49. *Mettre en Perspective un Cercle.*

Fig 16.   Il faut * trouver la Représenta-
*21 tion de plusieurs points d'un Cercle ou de quelqu'autre ligne courbe que l'on veut mettre en Perspecti-

Essai de Perspective.

spective. On le fait commodément en menant dans cette Courbe plusieurs cordes parallèles entr'elles, dont on trouve * les Perspectives, par les extrémitez desquelles on mene une ligne courbe, qui est la Perspective cherchée. On pourroit trouver la même chose en faisant passer ces cordes par un point dont on auroit la Perspective.

* 44.

REMARQUE.

Soit G I *la ligne Géométrale. Par le centre* P *du Cercle, dont on cherche la Perspective, abaissez à cette ligne la Perpendiculaire* P F, *que vous diviserez en deux également en* R. *De* R *comme centre, & pour rayon* R P, *décrivez la portion de Cercle* MPN, *coupant le cercle donné en* M *& en* N. *Si alors on trouve la Perspective de* L H *& de* N M, *on aura deux diametres conjuguez d'une*

50. Fig. 16.

C 5   *Ellipse*

Ellipse qui est la Perspective cherchée, & qu'on peut décrire par quelqu'une des méthodes que donnent les Auteurs qui ont traité des Sections coniques.

Je ne m'arrêterai pas ici à démontrer cette vérité. Voyez la prop. 10. livr. 2. du grand Ouvrage Latin sur les Sections coniques, composé par Mr. de la Hire, dont la démonstration peut s'appliquer ici. Si l'on considére 1. Que c'est dans les points M & N que les Tangentes menées au Cercle du point F, touchent le cercle. 2. Que les rayons visuels qui partent de l'œil vers tous les points de la circonférence du cercle forment un cone. 3. Que la Perspective du cercle, est la section de ce cone par le Tableau. Enfin on doit considérer la ligne GI comme si c'étoit l'intersection du Plan Géométral avec un Plan qui passeroit par l'œil parallele au Tableau.

PRO-

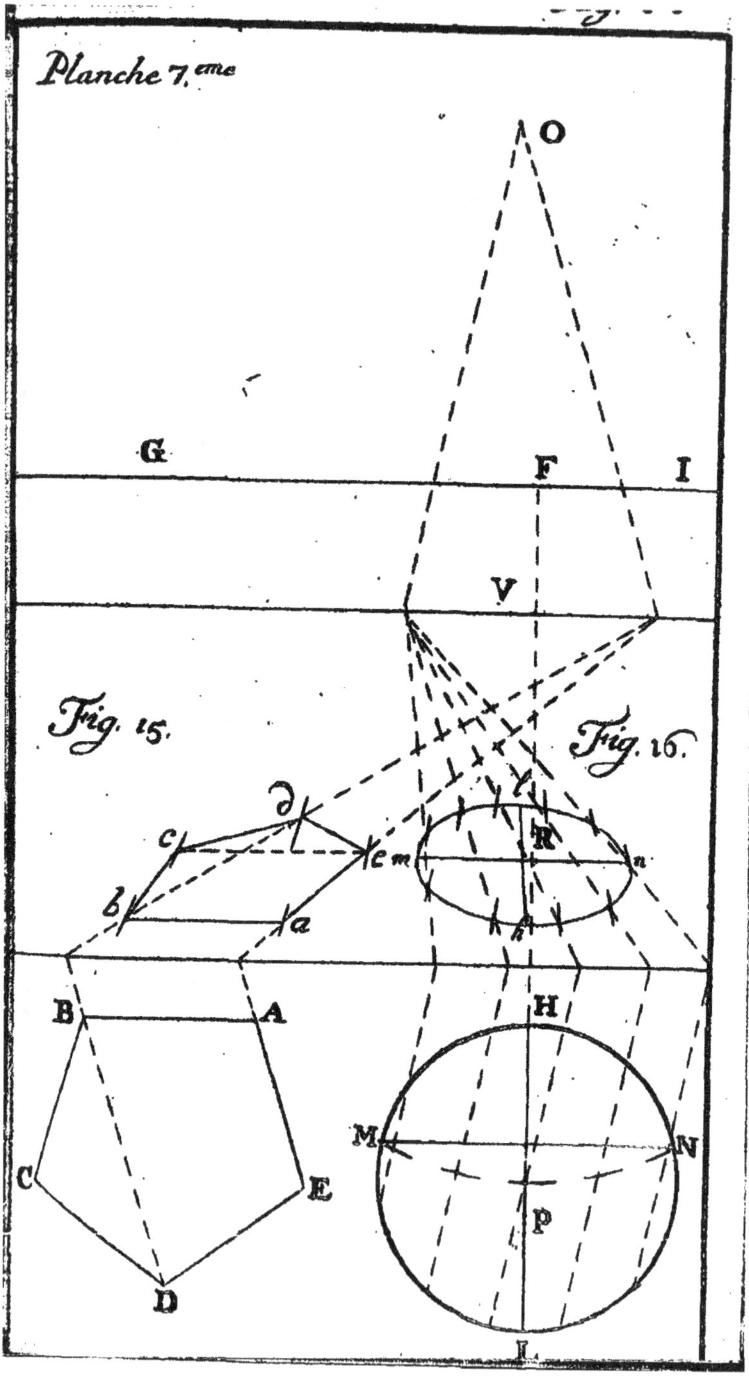

Planche 7.ème

Fig. 15.

Fig. 16.

Planche 8.ème

Fig. 17.

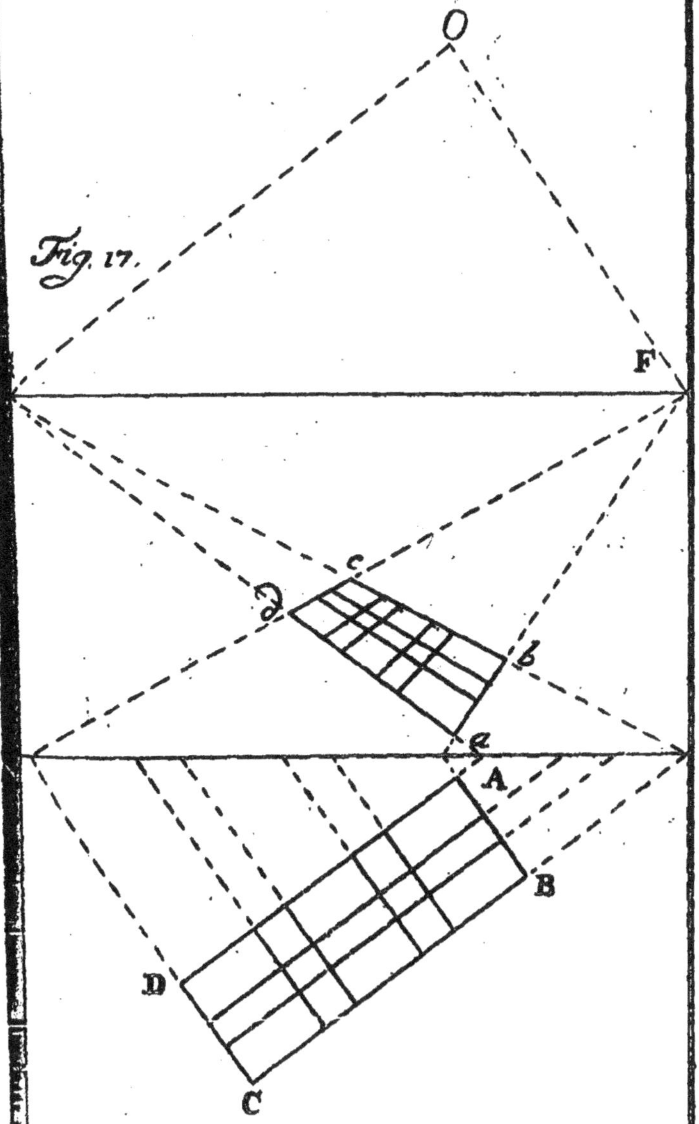

PROBLEME V.

Trouver la Perspective d'un point en l'air au dessus du Plan Géométral. 51.

Soit G S la ligne Géométrale, Fig. 18. S le point de Station. Prenez S F sur la ligne Géométrale égal à la hauteur de l'œil. A est l'assiéte du point donné.

PRATIQUE.

Portez sur la ligne Géométrale F C égal à la hauteur du point donné au-dessus du Plan Géométral; puis menez du point A des lignes aux points S & C, & dans le point B intersection de la ligne A S avec la ligne de terre; élevez à la ligne de terre la perpendiculaire B I égale à E B, plus F C, & le point I sera la perspective cherchée. DE-

DÉMONSTRATION.

52. Suppofons que par l'œil & par le point propofé il paffe un Plan perpendiculaire au Plan Géométral, Il eft évident que l'interfection de ces deux Plans eft la ligne A B S, & que l'interfection du Plan que nous venons de fuppofer avec le Tableau, eft B I. Soit maintenant Fig. 19. X ce Plan, *abs* les points marquez des mêmes lettres dans la figure précédente, *bi* eft l'interfection de ce Plan avec le Tableau, O eft l'œil & D le point propofé ; il faut démontrer que fi on mene O D, la ligne BI de la figure précédente fera égale à *bi* dans cette figure ; pour cet effet menez par le point D la ligne D L M paralléle à *abs*. Par les triangles femblables D M O & D L *i*.

D M = *as*, D L = *ab* : : M O, L *i*
Dans la figure précédente on a les trian-

Essai de Perspective.

triangles semblables A S C & A B E, par conséquent

AS, AB :: CS, EB

les trois premiers termes de ces deux progressions sont les mêmes ; car CS est égal à MO, puisqu'ils sont tous deux la différence de la hauteur du point donné avec la hauteur de l'œil; par conséquent EB est égal à L*i*; mais BI a été fait égal à BE, plus FC la hauteur du point donné au-dessus du Plan Géométral, & b*i* est égal à L*i*, plus *b* L qui étant égal à *a* D, est aussi la hauteur du point donné au-dessus du Plan Géométral; donc ces deux lignes BI & *bi* sont égales entr'elles. Ce qu'il falloit démontrer.

REMARQUE.

Quand la hauteur du point donné est plus grande que la hauteur de l'œil, il faut retrancher de cette prémiére hauteur EB, pour avoir la grandeur de BI.

PROBLEME VI.

53. Mettre en Perspective une Piramide ou un Cone.

Fig. 20.   Pour la Piramide, trouvez * la
* 47.   Perspective de la baze de la Pira-
* 51.   mide, & * celle de son sommet ; puis
de la Perspective du sommet menez des lignes à la Perspective des angles de la baze, visibles à l'œil pour lequel on travaille, & on aura la Perspective démandée.

Fig. 21.   Pour le cone, après avoir trou-
* 47.   vé * la Perspective de sa baze &
* 51.   * celle de son sommet, il faut mener par la Perspective du sommet des lignes qui razent la représentation de la baze, & on aura la Perspective du cone. Mais comme de cette maniére on est obligé de chercher la Perspective de toute la baze, quoi qu'il y en ait une qui ne peut pas

Essai de Perspective. 63

pas être vûë, on pourra par la méthode suivante déterminer sur la baze la partie qui en est visible, dont il suffira de trouver la Perspective ; alors pour achever celle du cone, des extrémitez de la partie visible de la baze, on ménera des lignes à la Perspective du sommet.

Déterminer la partie visible 54. de la baze d'un Cone.

Soit le cercle LIF la baze du Fig. 21. cone dans le Plan Géométral, A le centre de cercle.

PRATIQUE.

Prenez en quelque endroit de la ligne de terre, PQ égal au demi-diametre du cercle LF ; élevez au point P à la ligne de terre la perpendiculaire PDG, rencontrant la ligne Horizontale en G ; prenez sur cette perpendiculaire PD égal à la hauteur du cone, & menez la ligne

gne QDH, qui rencontre la ligne Horizontale en H. De A comme centre, prenant pour rayon GH, tracez le cercle BCE, & du même point A, menez une ligne au point de Station S; divisez AS en deux parties égales en R; & de R comme centre par le rayon RA, décrivez l'arc de cercle BAC, coupant le cercle BEC dans les points B & C; menez les lignes BAF & CAL, & vous déterminerez la portion visible LIF du cercle de la baze du cone.

DÉMONSTRATION.

Pour la Démonstration, tirez les lignes BC *&* LF *qui coupent la ligne* AS *en* N *& en* M; *prenez* G*n égale à* AN *& menez la ligne* nD*m*. *Il est clair que si l'on continuë le cone au-dessus de son sommet, c'est-à-dire, qu'on forme le cone opposé, ce cone coupera le*
Plan

Essai de Perspective. 65
Plan Horizontal dans un cercle égal à BEC, & dont BEC sera l'assiéte : de sorte que le point S est à l'égard de BEC, dans la même situation qu'auroit l'œil, par rapport au cercle formé dans le Plan Horizontal par la continuation du cone ; d'où il s'ensuit que BC est l'assiéte de la portion visible de ce cercle. Car par la construction, B & C sont les points d'attouchement des Tangentes au cercle BEC, qui passeroient par le point S, puisque l'angle ABS, étant dans un demi cercle, seroit droit.

Maintenant si on suppose un Plan qui passe dans le Plan Horizontal par les points dont B & C sont l'assiéte, & qui coupe les deux cones opposez en passant par leur sommet, il est évident que ce plan continué coupera le Plan Géometral dans une ligne qui sera paralléle à BNC, & que cette ligne déterminera sur ce plan la portion
visi-

66 *Essai de Perspective.*
visible de la base du cone. Ainsi, puisque G*n* a été fait égal à AN, il suffit de démontrer que P*m* est égal à AM. Car il s'ensuivra de là que LMF est la commune section du Plan Géométral avec le plan que nous avons imaginé descendre du Plan Horizontal.

Dans les triangles semblables DQP & GHD,
 DG, DP :: GH, PQ.
A cause des triangles semblables DP*m* & DG*n*,
 DG, DP :: G*n*, P*m*,
   donc
 GH, PQ :: G*n*, P*m*.
Les triangles semblables BAN & LAM donnent
 BA, AL :: AN, AM.

Mais les trois prémiers termes de ces deux derniéres proportions sont égaux entr'eux ; donc P*m* est aussi égal à AM. Ce qu'il falloit démomtrer.

      R e-

Essai de Perspective. 67

Remarque.

Quand la hauteur du cone est 55. plus grande que celle de l'œil, les points G & H se trouvent au dessous du point D. Dans ce cas-là on prolonge les lignes AB & AC, en sorte qu'elles coupent le cercle dans les points *l* & *f* opposez à L & F: & la partie *lIf* est la partie visible.

Quand le cone est incliné, de sorte que T, par exemple, soit l'assiéte de son sommet, il faut mener AT, & après avoir pris PD égal à la hauteur perpendiculaire du cone, & P*t* égal à AT, il faut mener la ligne *t*D*x*, & prendre sur AT, la partie TX égale à G*x*; puis, après avoir mené XS, menez lui la paralléle A*s* qui lui soit égale; après quoi il faut appliquer entiérement ici l'opération que j'ai décrite pour le cone perpendiculaire,

avec

avec cette seule différence, qu'il faut se servir du point *s*, au lieu de se servir du point de Station S. Quand la hauteur du cone est plus grande que celle de l'œil, il faut prendre le point X sur la ligne TA entre les points T & A.

La raison de toute cette opération est évidente, après la démonstration du cone perpendiculaire; car il est clair que x *est l'assiéte du centre du cercle, que forme dans le Plan Horizontal le cone continué; par conséquent le point s, est à l'égard du cercle* BED, *dans la même situation que le seroit l'œil à l'égard de l'intersection du cone continué & du Plan Horizontal.*

Remarquez encore que par la méthode ordinaire la Perspective du cone ne peut presque jamais être aussi exacte qu'elle le sera par celle-ci.

PRO-

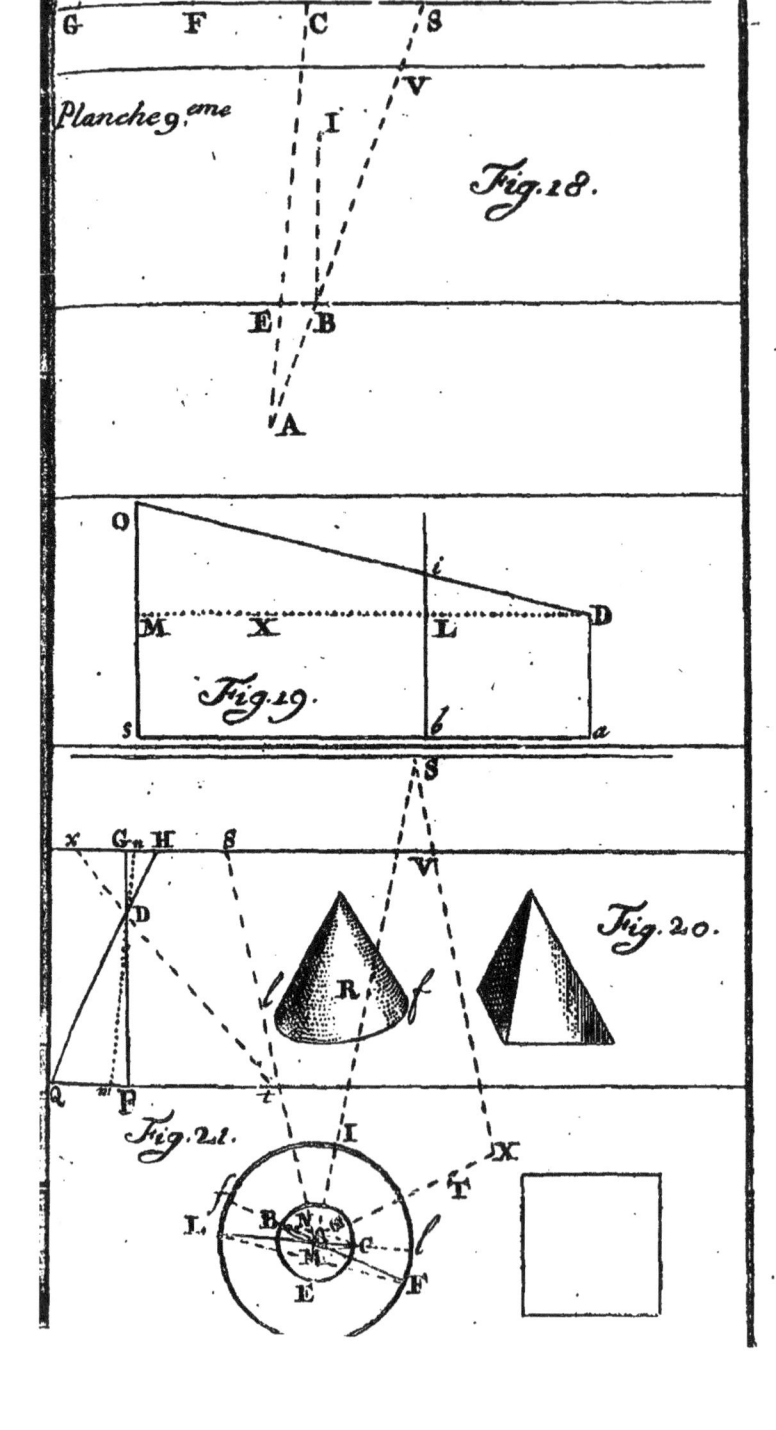

PROBLEME VII.

Trouver la Perspective d'une 56. *ligne, perpendiculaire au Plan Géométral.*

Il faut trouver l'apparence d'une Fig. 22, ligne égale à BC & perpendiculaire au Plan Géométral dans le point A.

PRATIQUE.

Prenez en quelque endroit que ce soit de la ligne terre, ED égale à BC ; des points D & E tirez DF & EF au point F pris à discretion dans la ligne Horizontale. Ensuite ayant trouvé *a* Représentation du *22, point A, menez *a* H paralléle à la ligne terre, & *a* I perpendiculaire à cette même ligne, & vous aurez la Perspective cherchée en faisant *a* I égal à GH.

DE-

DÉMONSTRATION.

57. Cette Perspective doit être per-
*6   pendiculaire à la ligne de terre *,
*10 & égale * à la Perspective de la ligne A L, qu'on tirera du point A paralléle à la ligne de terre, & qu'on fera de la même grandeur que B C. Si des extrémitez de la ligne A L on abaisse à la ligne de terre des perpendiculaires qui la rencontrent dans les points P & M, & que de ces points on mene des lignes au point de vûë V, alors
*5. 16 aN sera * la Perspective de AL; & puisque PM est égale à DE, aN le sera aussi à GH, & par conséquent aN sera égale à aI, qui est égale à GH.

SECONDE METHODE.

58. Les mêmes choses étant données
Fig. 23. que dans la Méthode précédente.

PRA-

Essai de Perspective.

PRATIQUE.

De A comme centre & pour rayon BC, décrivez l'arc de cercle LM, & tirez par l'œil la ligne OL qui le raze; puis du centre *a*, Représentation de A; décrivez l'arc de cercles GI razant la même ligne LO, & coupant dans le point I une autre ligne qui passe par *a* & qui est perpendiculaire à la ligne de terre; ce point sera l'extrémité de la Perspective cherchée.

DÉMONSTRATION.

Pour la Démonstration, abaissez sur la ligne OL les perpendiculaires AL & *a*G qui la rencontrent dans ses points d'atouchement aux cercles ML & GI.

Prenez aussi sur la ligne de terre DE, égal à BC ou AL, & tirez

la

72 *Essai de Perspective.*

la ligne DF; puis menez par a, aH paralléle à la ligne de terre.

Fig. 24. Considérez à présent la figure X qui représente un plan qui passe par l'œil & par le point A de la figure précédente; of, y représente OF; fe, y représente FE; & enfin eA, y représente EA de la même figure précédente.

27 of est paralléle à eA, & par conséquent le triangle ofa est semblable au triangle aeA, & partant on a cette proportion.

$$of, fa :: Ae, ea$$
comp.
$$of + af, fa :: Ae + ea, ea$$
altern.
$$of + fa, Ae + ea :: fa, ea$$
comp. & perm.
$$of+fa+Ae+ea, of+fa :: fa+ea, fa$$

Cette derniére proportion étant réduite à la figure précédente, elle donne celle-ci,

$$OA, Oa :: FE, Fa.$$

A cause des triangles semblables OAL & OaG.   OA,

OA, Oa :: AL, aG,
& par les triangles semblables FED
& FaH.

FE, Fa :: DE, Ha,
& par conséquent si l'on considére
ces trois proportions, on aura
AL, aG :: DE, Ha

Mais DE a été fait égal à AL,
& partant aG ou aI l'est aussi à
aH, qui * est égale à la Perspecti- *59
ve que l'on cherche. Ce qu'il falloit démontrer.

TROISIEME METHODE.

Vers un des côtez du Tableau, 59.
élevez à la ligne de terre la perpen- Fig. 25.
diculaire CB, égale à la hauteur de
l'œil; & prenez sur cette perpendiculaire BL égal au double de la
perpendiculaire dont on demande
la Perspective. S est le point de
Station; A celui ou la perpendiculaire rencontre le Plan Géometral.

PRA-

Pratique.

Sans employer le Compas.

*31. Après avoir trouvé * *a* Perspective de A., menez la ligne A S coupant la ligne de terre en E, par lequel point E menez la ligne E *a*; du point B, menez au point *a* une ligne B *a* coupant la ligne Horizontale en F; par le point F, menez au point L une ligne qui coupe E *a* en I; alors *a* I est la Perspective cherchée.

DÉMONSTRATION.

Pour la Démonstration, soit GN une perpendiculaire à la ligne de terre, au point G intersection de cette ligne avec la ligne B F; soit aussi G D égal à la perpendiculaire dont on a cherché la Perspective, & *a* H parallèle à la ligne de terre.

Il

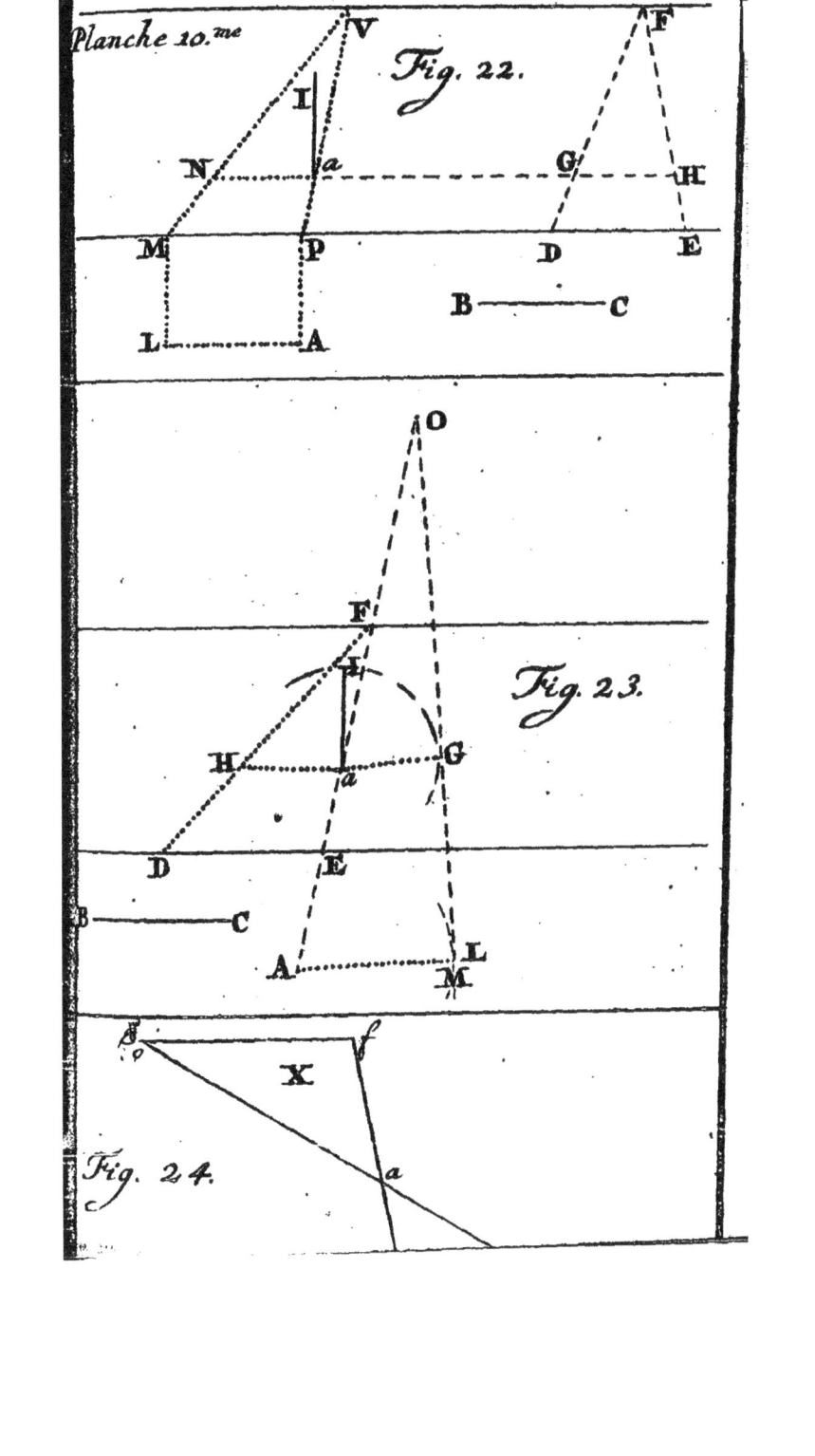

Essai de Perspective.

Il est clair que la Perspective de EA est Ea : mais EA passe par le point de Station; par conséquent* sa Perspective est perpendiculaire à la ligne de terre ; ainsi * il suffit de faire voir que aI est égal à aH.

*42
*57

Dans les triangles semblables BGC & BFM.

BC, BM :: BG, BF.

Mais BM par la construction est double de BC ; donc BF est aussi double de BG, qui, par conséquent, est égal à GF.

A cause des triangles semblables FGN & FBL.

FG, FB :: GN, BL.

Or on vient de démontrer que FG est la moitié de FB, donc GN est aussi la moitié de BL, & par conséquent égal à la hauteur de la perpendiculaire proposée.

Les triangles FGN & FaI étant semblables

FG, Fa :: GN, aI

Mais FG, Fa :: GD, aH, à cause

des triangles semblables FGD &
FaH.
donc
GN, aI :: GD, aH.
Or GN vient d'être démontré égal à la perpendiculaire dont a cherché la perspective, & DG est supposé égal à cette perpendiculaire ; donc ces deux lignes sont égales entr'elles, & partant aI & aH le sont aussi. Ce qu'il falloit démontrer.

REMARQUE.

On auroit pû prendre CP égal à la Perpendiculaire, & se servir du point C au lieu de B, & du point P au lieu de L. La raison pourquoi j'aime mieux employer les points B & L, c'est qu'il faudroit presque toûjours continuër la ligne Horizontale pour la couper par une ligne qui passeroit par C & a ; quelquefois même cette intersection ne se feroit qu'à une
distan-

distance infinie, au lieu qu'en employant le point B, F M ne peut jamais être plus du double de la largeur du dessein que l'on veut faire.

COROLLAIRE.

On peut resoudre le prob. 8. par celui-ci; car un point en l'air peut être consideré comme l'extrémité d'une perpendiculaire au Plan Géométral.

PROBLEME VIII.

Mettre en Perspective un Prisme ou un Cilindre perpendiculaire au Plan Géométral. 60.

La baze du Prisme dans le Plan Fig. 26. Géométral est G H I L M N; la perspective de la partie visible de cette baze, dans le Tableau; est
nghi.

n g h i ou r achever la représentation du Prisme, menez par les points *n g h* & *i*, des perpendiculaires à la ligne de terre; déterminez * la longueur de ces perpendiculaires, en sorte quelles représentent des perpendiculaires au Plan Géométral, égales à la hauteur du prisme, & trouvez * la Perspective des autres angles de la face supérieure du Prisme en les considérant comme des points en l'air : joignez par des lignes les Perspectives de tous ces angles, & vous aurez la Perspective entiére du Prisme.

* 56

* 51

61. Pour le Cilindre, ayant trouvé la Perspective de sa baze & celle de sa face supérieure en trouvant * la Perspective de plusieurs points en l'air, de la hauteur du Cilindre au dessus du Cercle de la baze, élevez deux perpendiculaires à la ligne de terre, dont chacune raze les perspectives des deux faces du Cilin-

Fig. 27.

* 55

lindre, & qui soient terminées par les points où elles touchent les courbes, & vous aurez la Perspective cherchée. Mais pour ne se point engager dans des opérations inutiles, on pourra déterminer la portion visible de la baze du Cilindre, en tirant du centre A la ligne A S au point de Station S; après quoi il faut diviser cette ligne en deux parties égales en R; & de ce point comme centre & pour rayon R A, il faut d'écrire l'arc du cercle B A C qui coupe la baze en B & en C, qui sont les deux derniers points de cette baze qui peuvent être vûs.

SECONDE METHODE.

Pour trouver d'une autre maniére la face supérieure du cilindre ou du cone; les mêmes choses étant données que dans la méthode précédente, on tire dans le Tableau à

62. Fig. 26. 27.

la ligne de terre la parallèle P Q, dont la distance à cette même ligne de terre est égale à la hauteur du prisme ou du cilindre dont on cherche la Perspective. Puis on change son Plan Géométral, en sorte que la ligne de terre convienne avec la ligne P Q, & que dans cette transposition une perpendiculaire à la ligne de terre convienne avec cette même perpendiculaire continuée vers P Q. Enfin en employant P Q pour ligne de terre, on cherche * la Perspective de la baze du Prisme ou du Cilindre, ainsi changée de situation; & cette Perspective est la représentation de leur face supérieure.

* 47.

DÉMONSTRATION.

Supposons que le Plan de la face supérieure du Prisme ou du Cilindre, soit continué, il rencontrera le Tableau en P Q; & dans ce Plan con-

continué la face supérieure sera à l'égard de P Q, dans la même situation que l'est dans le Plan Géométral la baze à l'égard de la ligne de terre. Si donc on suppose que ce Plan continué soit couché sur le Tableau, les faces supérieures du Prisme ou du Cilindre conviendront avec les bazes changées comme nous avons dit ; & partant la Perspective de ces bazes changées, sera celle des faces supérieures. Ce qu'il falloit démontrer.

REMARQUE.

La transposition des figures se fait facilement en pliant le papier. Quand la hauteur du prisme est plus grande que celle de l'œil, le plus court est de se servir de la méthode précedente.

PROBLEME IX.

63. *Mettre en Perspective un corps creux.*

Fig. 28. Après avoir trouvé la Perspective du corps même, on trouve celle de sa cavité, en considérant cette cavité comme si c'étoit un nouveau corps.

PROBLEME X.

64. *Mettre en Perspective une Sphere.*

Fig. 29. Soit A l'assiéte du centre de la Sphere ; il faut * trouver le point
* 51. I, Perspective de ce centre, & mener la ligne I V au point de vuë V. Elevez à cette ligne la perpendiculaire V F égale à la distance de l'œil au Tableau, & prenez sur cette per-

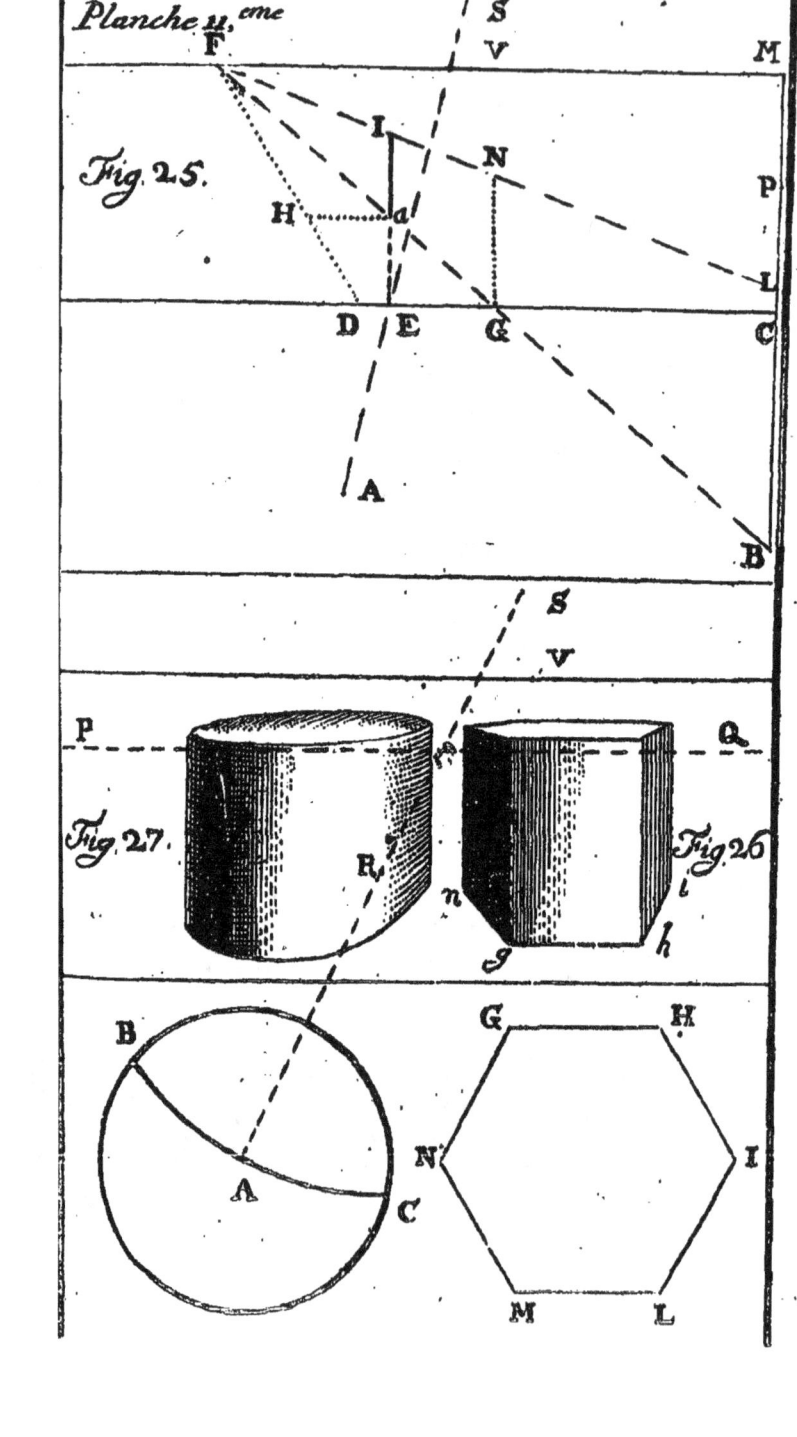

perpendiculaire continuée V P égal à la distance du centre de la Sphére au Tableau. Par le point P menez à V I la parallèle P Q, coupant en Q une ligne menée de F par I. De Q comme centre, & pour rayon le demi diamétre de la Sphére, tracez le cercle C B, auquel par le point F vous menerez les tangentes F C & F B qui couperont la ligne I V en G & en E. Tracez sur G E le demi cercle E D T G dans lequel vous menerez la ligne G D perpendiculaire à F I. Divisez G D en deux parties égales en H ; & de H comme centre, & pour rayon H D, décrivez la portion de cercle L D R, coupant la ligne F I en L & en R. Prenez dans le demi cercle E D T G la corde G T égale à R L, & tracez sur G T le demi cercle T *m* G ; tirez dans ce demi cercle plusieurs lignes comme *m n* perpendiculaires à G T, & coupant la ligne G E dans les

points

points p, dans lesquels vous éleverez à G E les perpendiculaires $p\,q$ que vous ferez chacune de part & d'autre de la ligne G E, égales à la partie $m\,n$ de la ligne $m\,p$ qui leur répond. Tous les points q sont des points de la Perspective demandée, & par lesquels par conséquent il faut mener une ligne courbe qui sera la représentation cherchée.

DÉMONSTRATION.

Les rayons par lesquels on voit une Sphére, forment un cone droit, dont la Section par le Tableau est la Perspective demandée, & dont l'axe passe par le centre de la Sphére: d'où il s'ensuit que le point I est le point du Tableau par où traverse cet axe. Mais quand un cone droit est coupé par un Plan, en sorte que la section est une Ellipse, comme cela arrive ici, le grand axe de cette Ellipse passe par le point

point de rencontre de ce Plan avec l'axe du cone, & par le point ou aboutit une perpendiculaire du sommet du cone au même plan. Cela paroît évidemment pour peu qu'on soit accoûtumé à considérer les Sections coniques dans le solide. Donc le grand axe de l'Ellipse, qui est la Perspective de la Sphére, est une partie de IV ; car l'œil est le sommet du cone que forment les rayons visuels de la Sphére.

Supposons maintenant qu'il passe un Plan par l'œil & par la ligne IV; ce Plan passera par le centre de la Sphére : & si de ce centre on abaisse une Perpendiculaire sur le rayon principal continué, la portion de ce rayon comprise entre le point de vûë & la rencontre de cette perpendiculaire, qui est toûjours paralléle au Tableau, sera égale à la distance du centre de la Sphére au Tableau, & par conséquent à VP. Partant si le Plan dont nous venons de parler tournoit sur la ligne VI, comme sur son axe jusques à ce qu'il convînt avec le Tableau, le centre de la Sphére rencontreroit le Tableau en Q, & l'œil le rencontreroit en F; d'où il s'ensuit que la partie GE de la ligne IV est le grand axe de l'Ellipse démandée.

Fig. 30. 31. Dans la fig. 30. GDE & dans la fig. 31. g e f réprésentent les points marquez des mêmes lettres dans la figure précédente. Si on suppose achevé le cone dont les lignes fg & fe marquent le profil, & qu'on le suppose coupé par un Plan qui passe par la ligne ge & qui est perpendiculaire au Plan de la figure, on aura une Ellipse g 4 e 3. semblable à celle que doit donner la Perspective de la Sphére. Si on suppose encore le même cone coupé par un Plan I 4. m 3. parallèle à sa baze, & qui divise ge

en

Essai de Perspective. 87

en deux parties égales en n, il est évident que 3. 4. commune section du cercle l 4. m 3. & de l'Ellipse g 4. e 3. est le petit axe de l'Ellipse; & partant ce petit axe est égal à la ligne 4. 3. perpendiculaire dans le point n au diametre l m, du cercle l 4. m 3. Tirez à presént dans la figure 30. les lignes EO & GY paralléles à LM. Dans les triangles semblables EGY & ENM.

EG, EN :: GY, NM, Mais EG est double de EN; donc GY l'est aussi de NM, & partant NM est égal à GZ. On démontre de même que LN est égal à XE, d'où il s'ensuit que GD est égal à LM & est coupé en z, de même que LM l'est en N; & partant RL ou GT de la figure 29. est égal à 3. 4. de la figure 31., & par conséquent égal au petit axe de l'Ellipse que l'on doit tracer. D'un autre côté il est clair par la construction, que celle des perpendiculaires mn, fig. 29. qui passe par le centre du demi cercle G m T, coupe l'axe G E en deux parties égales : car si on tire une ligne de T en E, elle sera perpendiculaire à GT, & par conséquent parallèle à mn : d'où il s'ensuit que le petit axe de la courbe GqE est égal au petit axe de l'Ellipse qu'on doit tracer ; & partant il faut seulement démontrer que la courbe qui passe par les points q, est une Ellipse.

Les parties Gn de la ligne GT sont proportionnelles aux parties Gp de la ligne GE donc les rectangles GP par PE sont proportionels aux rectangles Gn par nT ; mais ces derniers rectangles sont égaux aux quarrez des ordonnées nm, lesquels quarrez sont égaux aux quarrez des ordonnées pq : donc ces derniers quarrez sont proportionnels aux rectangles Gp par pE, ce qui est une proprieté de l'Ellipse.

DE-

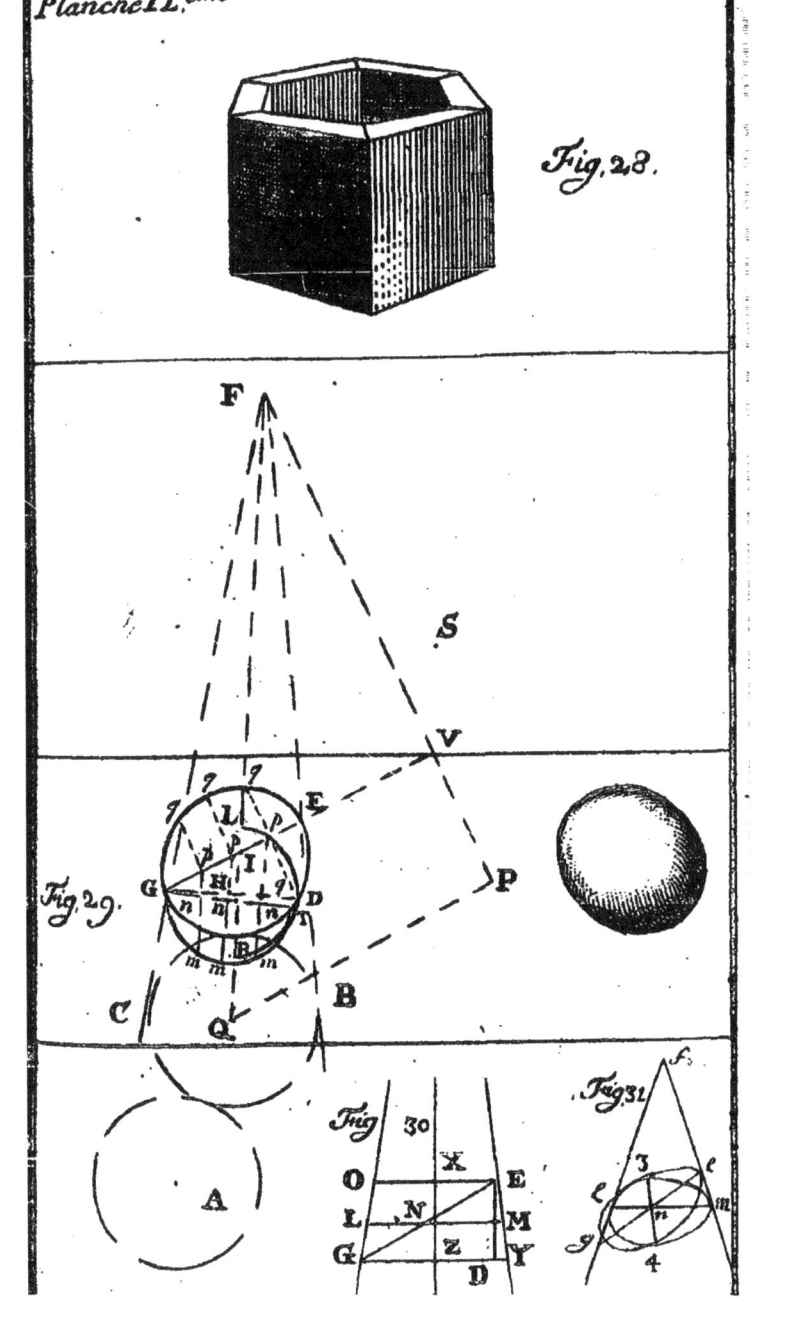

DEFINITION.

On nomme Tore d'une colom- Fig. 33. ne, la partie marquée *h m* : elle est arrondie en demi-cercle, & fait le tour de la colomne comme une anneau.

PROBLEME XI.

Mettre en Perspective le 65. Tore d'une colomne.

Soit BNC la baze de la colom- Fig. 32. ne dans le Plan Géométral. Du centre A tirez une ligne au point de Station S, & divifez cette ligne en deux parties égales en R; décrivez la portion de cercle BAC qui a pour centre le point R & pour rayon R A.

Soit X le profil de la colomne; Fig. 33. tirez dans ce profil la ligne *z* 3. 6.

pa-

paralléle à la baze de la colomne & paſſant par le centre du demi cercle *h m*; prenez ſur la ligne *s a*, qui paſſe par le centre de la colomne paralléle à ſes côtez, 2 *s* égal à la hauteur de l'œil, depuis le point 2. qui eſt dans la baze de la colomne, en montant vers le haut; & prenez ſur la même ligne, *s a* égal à S A de la figure précédente; & élevez à cette ligne dans le point *a* la perpendiculaire indéfinie *a* Y. Après ces préparations générales, prenez ſur la ligne *s a* les petites parties 6. *i* & 6. 9. à diſcrétion égales entr'elles; tirez les lignes *i h* & 9. *m* paralléles à 6. 3. z; & du point *h* menez la ligne *h* 3. 4. par le centre 3. du demi cercle *h m*; prenez *a* 5. ſur *a* Y égal à *i* 4., & menez la ligne 5. *s*. coupant *i h* en *g* & 9. *m* en *q*. Décrivez dans la (fig. 32.) de A comme centre & pour rayon *i h* ou 9. *m*, qui ſont égales entr'elles, le cercle F L M H coupant

l'arc

Essai de Perspective. 91

l'arc B A C en D & en E ; menez la ligne D E, coupant la ligne A S en I ; prenez I G égal à *i g*, & I Q égal à 9. *q* ; par les points Q & G, tirez à la ligne E D les parallèles F H & L M coupant le cercle D M E F dans les points L. M. F. & H. Trouvez* à préfent la Perspective de quatre points en l'air au deffus des quatre que nous venons de marquer ; la hauteur de ceux qui ont L & M pour affiéte eft 2. 9. ; & celle des deux points dont l'affiéte eft F & H, fe trouve déterminée par 2. *i*. La Perspective de ces quatre points donne autant de points de la Perspective démandée. On en trouvera quatre autres, en tirant deux autres lignes, telles que *i h* & 9. m. & en opérant de la même maniére.

*51

REMARQUE.

Comme une partie du Tore eft caché par la colomne, pour ne

Fig. 32.

fe

se point engager dans des opérations inutiles, il faut de A comme centre & pour rayon 3. 6. décrire un cercle qui coupe l'arc B A C en T & en O., & mener les lignes S T Y & S O Z : alors tous les points tels que F & H qui se rencontrent entre les lignes T Y & O Z sont inutiles, & il faut seulement se servir de L & de M aux quels cette remarque ne peut pas s'appliquer.

Il seroit inutile de déterminer Géométriquement, comme on pourroit le faire, sur le demi-cercle *h z m*, le point jusques où les parallèles telles que 9. *m* peuvent servir : car quand ces parallèles sont inutiles, le point *q* tombe au delà du point *m*. Mais alors la Perspective du Tore est déja entiérement tracée si on a commencé à mener ces parallèles proche de 6. 3. z, & les autres en s'en éloignant toûjours.

Pour la démonstration de ce Problé-

Essai de Perspective. 93
blême on a besoin du Lemme suivant.

LEMME.

Les deux Cercles CDHE & DFEL 66. s'entrecoupent; la ligne CL passe par les centres A & B de ces deux cercles, & DE joint les points d'intersection. Maintenant si on nomme le rayon AC ou AH, a, & BF ou BL, b, & la distance AB qui est entre les deux centres, c. je dis que AG est égal à $\frac{bb-aa}{2c} - \frac{1}{2}c$.

Fig. 34.

DÉMONSTRATION.

Nommons AG, x, *&* GD *ou* GE, y: *par la proprieté du cercle il est évident que si on considére* y *comme une ordonnée du cercle* CDH, $yy = aa - xx$: *& si on la considére comme une ordonnée du cercle* FDL, $yy = bb - cc - 2cx - xx$: *donc*

aa-

$aa - xx = bb - cc - 2cx - xx$; *ce qui donne* $2cx = bb - aa - cc$ *divisant le tout par* $2c$ *on a* $x = \frac{bb-aa}{2c} - \frac{1}{2}c$. *Ce qu'il falloit prouver.*

DÉMONSTRATION DU PROBLEME.

67. *Il faut considérer le Tore de la colomne comme composé d'une infinité de Plans circulaires posez les uns sur les autres. Il est évident que ce qui empêche chacun de ces cercles d'être vû tout entier, c'est que celui qui est immédiatement au dessus en cache une partie ; d'où il s'ensuit, que si on continue de tous côtez le Plan d'un de ces cercles, & qu'on y trouve la Perspective du cercle qui est immédiatement au dessous, laquelle Perspective est* aussi un cercle, les deux points d'intersection de cette Perspective & du cercle qui étoit dans le Plan, détermineront la*

Essai de Perspective. 95
la partie de cette Perspective qui peut être vûë; par conséquent, si on trouve dans le Tableau la représentation de ces deux points d'intersection, on aura deux points de la Perspective du Tore de la colomne proposée. C'est là ce que j'ai fait dans la solution du Probléme, comme je le vais démontrer en donnant le calcul analitique, dont j'ai tiré la construction dont je me sers.

Soit O un œil, AM un morceau du Tore de la colomne; AP passe par le centre de la colomne perpendiculairement à la baze, & AB qui est paralléle à cette même baze passe par le centre B du demi-cercle de l'arrondissement du Tore. MP représente le demi-diamétre d'un des cercles dont j'ai parlé au commencement. Si on tire la ligne $m p$ qui lui soit paralléle & infiniment proche, & qu'on mene les lignes mO & $_p$O coupant MP en D & en T, il est évident que DT, Fig. 35.

dans

dans le plan du cercle qui passe par MP, sera le demi-diamétre de la Perspective du cercle qui est immédiatement audessous.

A préfent à baissez de l'œil à la ligne AB la perpendiculaire OS, & continuez les lignes MP & mp, jusques à ce qu'elles rencontrent cette perpendiculaire en Q & en q: continuez encore la ligne MP jusques au point R, où elle est coupée par la ligne mR perpendiculaire à mp. Prénons AS = e, OQ = x & MP = y. Dans les triangles femblables O q m & m R D on a,

$Oq(x), qm(e+y) :: mR(dx), RD(\frac{edx+ydx}{x})$

Les triangles femblables O p q & p T P donnent

$Oq(x), qp(e) :: pP(dx) \; PT(\frac{edx}{x})$.

PR est égal à y + dy si on y ajoûte $PT(\frac{edx}{x})$ & qu'on en retranche $RD(\frac{edx+ydx}{x})$ on aura

$$TD = y + dy - \frac{ydx}{x}.$$

Essai de Perspective. 97

Pour trouver maintenant les points d'intersection de deux cercles, dont l'un auroit pour rayon TD, & l'autre PM, & dont les centres seroient éloignez l'un de l'autre de PT, il faut * diviser le quarré de TD, moins le quarré de PM, par le double de PT, & en retrancher la moitié de PT, qu'on peut negliger ici, parce qu'elle est infiniment petite par raport au reste; & on aura $\frac{xydy}{edx} - \frac{yy}{e}$ pour la partie de la ligne PM comprise entre P & le point où elle seroit coupée par une ligne qui joindroit les deux points d'intersection des deux cercles.

* 66.

Mais avant d'appliquer au Probléme ce que je viens de dire, il faut remarquer que si du point M on mene une ligne par le centre B de l'arrondissement du tore, on aura le triangle MPC semblable au triangle mRM; car l'angle mMP est un

E an-

angle extérieur du triangle *m*RM, & l'angle *m*MC est droit. Par conséquent

*m*R(dx), RM(dy) :: MP(y), PC($\frac{ydy}{dx}$).

Fig. 32. & 33. Si on considére à présent que SA, (fig. 32.) & son égale *sa* (fig. 33.) a été marquée pour e dans le calcul: que *si* est x & *ib*, y ; il est clair que *i*4 & son égale *a*5, si on l'exprime Algébraïquement est $\frac{ydy}{dx}$.

Dans les triangles semblables *sa*5 & *sig*

sa(e), *a*5 ($\frac{ydy}{dx}$) :: *si* (x), *ig* ($\frac{xydy}{edx}$)

Par la construction (fig. 32.)

AS(e), AP = *ib* (y) :: AP(y) AI($\frac{yy}{e}$);

d'où il s'ensuit, puisque IG a été fait égal à *ig*, que AG = IG − AI est égal à $\frac{xydy}{edx} - \frac{yy}{e}$, & par conséquent H & F sont l'assiéte de deux points dont il faut trouver la Perspective, & ces points sont dans un plan paralléle au Plan Géométral, & élevé & au-dessus de ce plan de la hauteur de 2.*i*.

Si

Essai de Perspective.

Si on applique le calcul précédent à la partie inférieure du Tore, l'expression $\frac{xydy}{edx} - \frac{yy}{e}$ se change en celle-ci $-\frac{xydy}{edx} - \frac{yy}{e}$, ce qui marque qu'il faut prendre ces deux quantitez du même côté de A vers S. Dans la ligne 9 *m*, 9 *q* est égal à $\frac{xydy}{edx}$; car 9. 8. $(\frac{ydy}{e})$ est égal à *i 4*, ce qui fait voir que M & L sont encore l'assiéte de deux points dont il faut trouver la Perspective, & ces points sont dans un plan paralléle au Plan Géométral, & élevé de la hauteur de 2. 9.

REMARQUE.

On peut encore résoudre ce Problême, en considérant le Tore de la colomne comme composé des bazes d'une infinité de cones, dont la hauteur est déterminée par les rencontres des Tangentes au demi-

E 2   cer-

cercle de l'arrondiffement, avec l'axe de la colomne, & en déter-
54 minant les portions vifibles de ces bazes. Si je m'étois fervi de cette méthode, la démonftration auroit pû fe faire fans Algébre ; mais la pratique auroit été plus longue.

PROBLEME XII.

69. *Trouver le point Accidental de plufieurs lignes parallé- les entr'elles, & inclinées au Plan Géométral.*

Fig. 36. Soit AB la direction d'une des lignes dont on cherche le point Accidental, & ECP l'angle que font ces lignes avec le Plan Géo- métral.

PRATIQUE.

Menez par l'œil O, une ligne OD,

Planche 14.eme

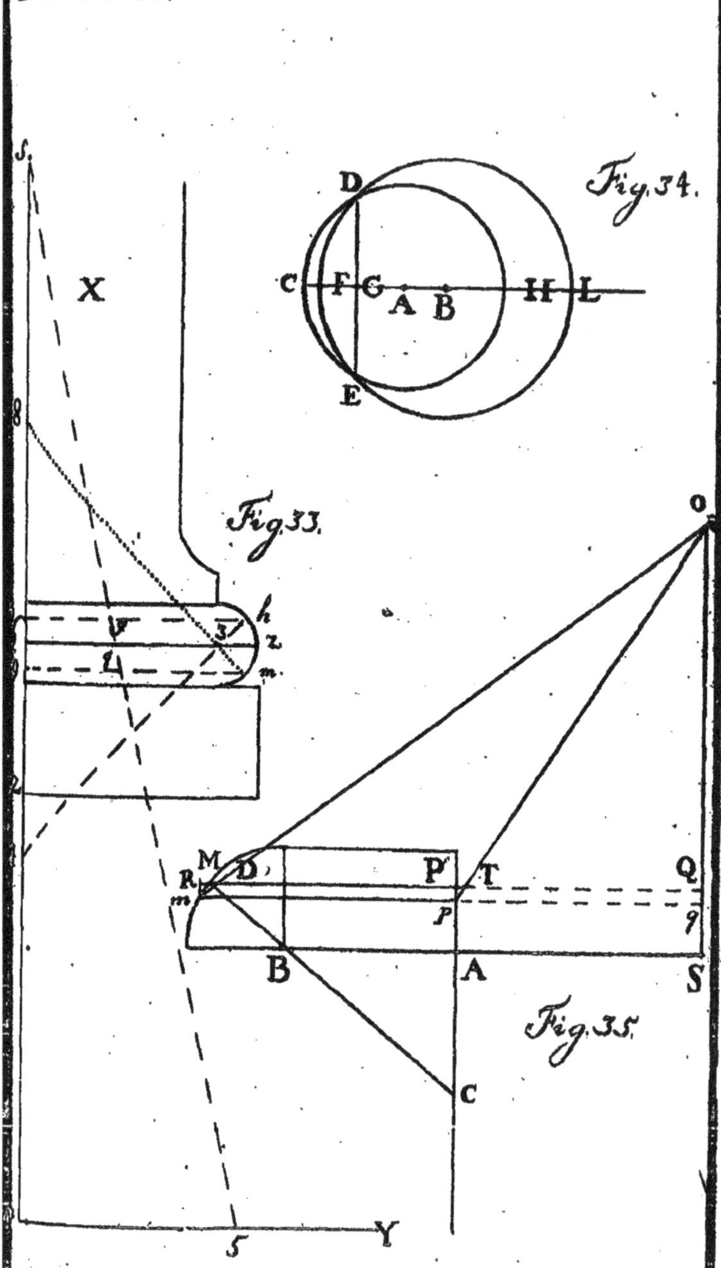

Fig. 34.

Fig. 33.

Fig. 35.

Planche 13.ème   Pag. 100
                                                    V

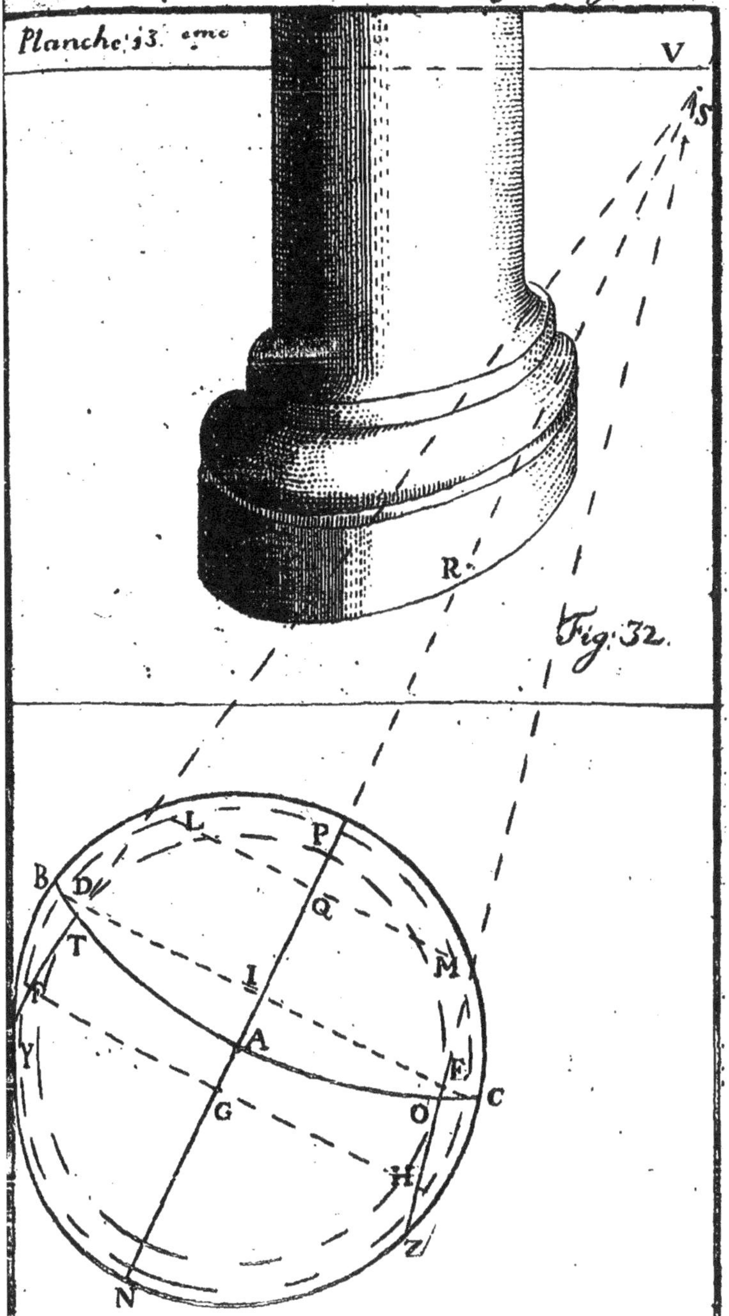

Fig. 32.

OD, parallèle à AB; & par le point D, dans lequel elle coupe la ligne Horizontale, & qui est le point Accidental des directions des lignes données, menez DF perpendiculaire à cette même Horizontale, sur laquelle aussi il faut prendre DG égal à DO. Enfin par le point G, menez la ligne GF, qui fasse avec l'Horizontale un angle égal à l'angle ECP; & alors le point F, intersection de cette ligne & de la perpendiculaire DF, est le point Accidental cherché.

Quand les lignes sont inclinées vers le Tableau, il faut mener DF & GF au-dessous de la ligne Horizontale; & il les faut mener au-dessus de la même Horizontale comme on l'a fait ici, quand les lignes données sont inclinées du côté opposé au Tableau.

DÉMONSTRATION.

Suppofons qu'il paffe par l'œil un plan perpendiculaire au Plan Géométral, & paralléle aux lignes données; il eſt évident qu'il coupera le Plan Horizontal dans la ligne OD, & le Tableau en DF : il eſt clair encore qu'une ligne qui paffe par l'œil, paralléle aux lignes données, eſt dans ce plan, & fait avec la ligne OD, un angle égal à l'angle ECP, au-deffous du Plan Horizontal, fi les lignes font inclinées vers le Tableau, & au-deffus fi elles le font du côté oppofé; il s'enfuit de là que cette derniére ligne fait avec OD, & DF, un triangle rectangle qui a l'angle au point O, égal à l'angle CEP. Or le triangle DGF, eſt auffi rectangle, ayant par la conſtruction l'angle au point G, égal à l'angle ECP; donc ces deux triangles font fem-

bla-

blables; & le côté DG, étant égal au côté DO, ils font auſſi égaux; partant la ligne DF, étant commune à ces deux triangles, le point F, eſt le point où la ligne qui paſſe par l'œil paralléle aux lignes données, rencontre le Tableau; & ce point eſt * le point Accidental cherché. * 13. 14.

REMARQUE.

Cette Démonſtration ſe rapporte auſſi-bien aux lignes inclinées entiérement ſéparées du Plan Géométral, qu'à celles qui le rencontrent par une de leurs extrémitez.

PROBLEME XIII.

Trouver la Perſpective d'une ou de pluſieurs lignes inclinées au Plan Géométral. 70.

Soit donné dans le Plan Géométral Fig. 36.

tral le point A, dans lequel ce plan est rencontré par une ligne inclinée dont on connoît la longueur, la direction, & l'angle de l'inclinaison.

PRATIQUE.

En quelque endroit à part, tirez deux lignes CE, & CP, qui fassent ensemble un angle égal à l'angle de l'inclinaison de la ligne donnée ; prenez sur une de ces lignes CE, égal à la ligne donnée ; & du point E, abaissez sur l'autre la perpendiculaire EP. Puis prenez sur la direction de la ligne proposée AB, égal à CP ; & après avoir trouvé *a* Perspective de A, & le point T*, Perspective d'un point élevé en l'air au-dessus de B, de la hauteur de PE, joignez par une ligne les points *a* & T, & vous aurez la Perspective cherchée.

* 51.

DE-

DÉMONSTRATION.

Si de l'extrémité de la ligne inclinée, on fait tomber une perpendiculaire fur le Plan Géométral, elle rencontrera ce plan dans le point B, & fera égale à PE, comme il eſt évident par la conſtruction de la figure CPE. Or le point T eſt la repréſentation de l'extrémité de cette perpendiculaire ; & partant il l'eſt auſſi de l'extrémité de la ligne inclinée. Ce qu'il falloit démontrer.

REMARQUE.

Il y a quelques cas dans leſquels on peut abréger cette propoſition. 1. Quand il y a pluſieurs de ces lignes qui font paralléles entr'elles, & dont on peut trouver * le point Accidental. 2. Quand une ligne inclinée eſt paralléle au Tableau.

* 69.

On

On verra dans les méthodes suivantes la maniére de faire ces abrégez.

SECONDE METHODE.

71. *Par le point Accidental des lignes inclinées.*

Fig. 36. Par F, point Accidental des lignes inclinées parallélement, menez FH, paralléle à la ligne de terre, & égale à FG. Soit A le point dans lequel une des lignes inclinées rencontre le Plan Géométral.

P R A T I Q U E.

Prenez sur la ligne de terre RQ, égal à la ligne inclinée, & tirez des points R & Q, des lignes au point Z pris à volonté dans la ligne Horizontale.

Par *a* Perspective de A, menez *a*N,

*a*N, parallèle à la ligne de terre: prenez sur cette parallèle *a*L, égal à MN, & tirez du point *a* une ligne au point F, & du point L tirez-en une autre au point H. Alors *a*T sera la Perspective cherchée.

DÉMONSTRATION.

Par* la notion du point accidental, la Perspective cherchée est une partie de la ligne *a*F; & partant il faut seulement démontrer que l'extrémité de cette Perspective est dans la ligne LH. Ce qui se prouve ainsi.   *14

Supposons que par le point A, il passe une ligne AI parallèle à la ligne de terre, & égale à la ligne inclinée. Il est évident * que L,   *57
est la Perspective de I. Par conséquent LH * est la Perspective   *20
d'une ligne qui passe par I, & par l'extrémité de la ligne proposée;

E 6   &

& partant la Perspective de cette extrémité est dans cette ligne L H. Ce qu'il falloit démontrer.

REMARQUE.

*19.   Il est clair * que l'on auroit pû prendre F H, la moitié ou le tiers &c. de ce qu'il est ici ; mais alors il auroit fallu prendre aussi R Q, égal à la moitié ou au tiers &c. de C E.

TROISIEME METHODE.

72. *Pour les lignes inclinées qui ne rencontrent point le Plan Géométral.*

Fig. 37.   Soient A & B, les points d'assiéte des extrémitez de la ligne donnée. Que X représente un Plan qui passe par la ligne donnée, & qui soit perpendiculaire au Plan Géo-

Géométral. MN représente dans ce Plan, la ligne dont on cherche la Perspective ; CN & PM représentent des perpendiculaires au Plan Géométral : d'où il s'en suit que PC représente AB, & par conséquent lui est égal.

PRATIQUE.

Trouvez le point I Perspective d'un point en l'air au dessus du point A de la hauteur de CN : & menez du point B, au point de Station S, la ligne BS, coupant la ligne de terre en E ; du point I, menez une ligne au point Accidental F ; entre-coupez cette ligne par une Perpendiculaire à la ligne de terre au point E ; & vous aurez IT, la Perspective cherchée.

* 51.

QUATRIEME METHODE.

73. *Pour les lignes inclinées parallèles au Tableau.*

* 56.
Fig. 22.

Il faut se servir ici de la pratique *du prob.* 7. * avec cette différence, *voyez la figure de ce prob.* qu'au lieu que *a* I dans ce prob. est perpendiculaire à la ligne de terre, ici elle doit faire avec cette ligne un angle égal à l'angle de l'inclinaison des lignes données.

Pour la démonstration. *Voyez n.* 7. & 10.

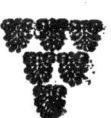

PRO-

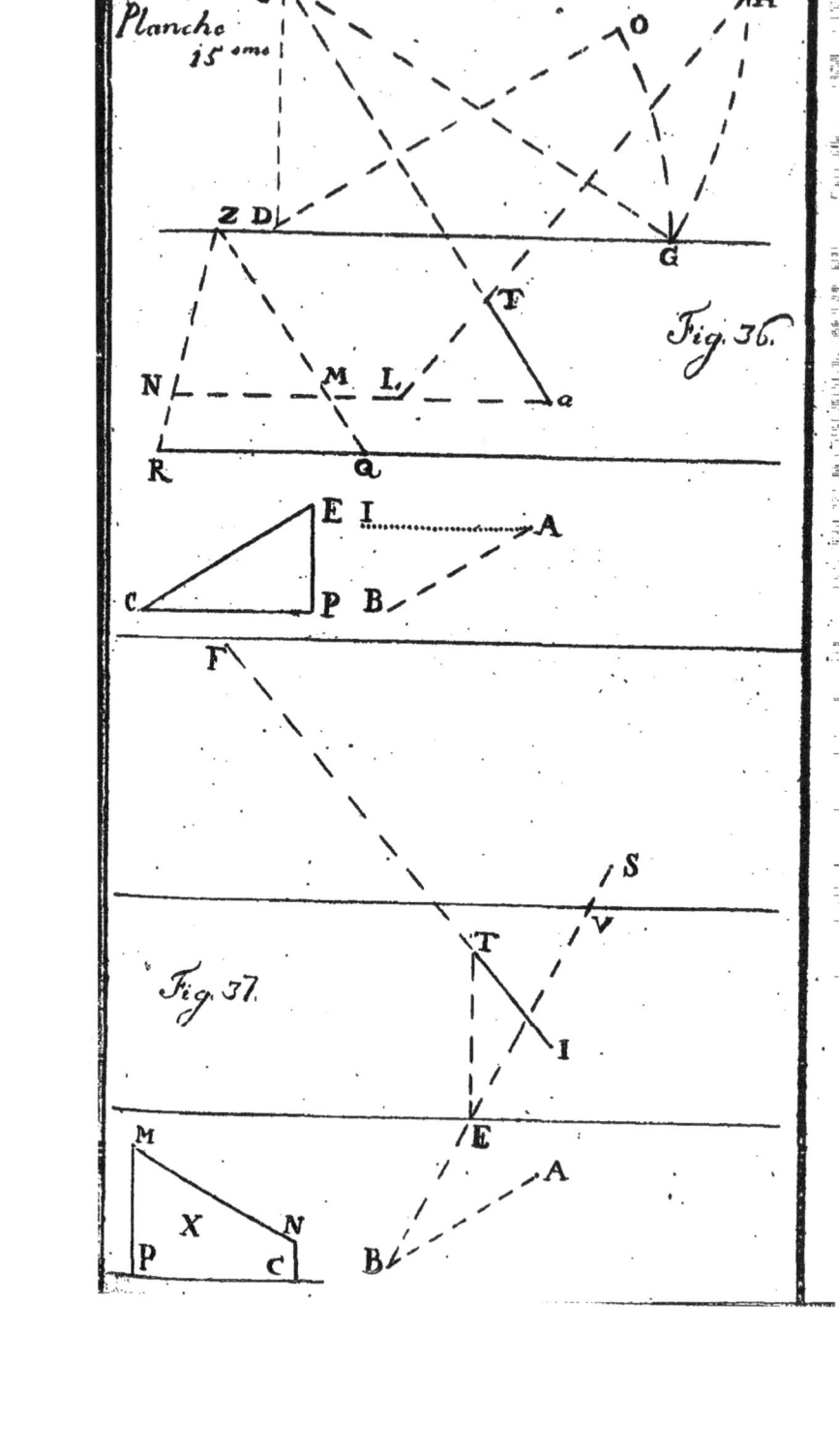

PROBLEME XIV.

Mettre en Perspective un 74. *Corps qui a tous, ou quelques-uns de ses côtez inclinez au Plan Géométral.*

Il faut chercher la Perspective des lignes qui forment les angles du corps proposé : ce qui se fait aisément par le prob. 13. * qui satisfait à tous les cas. C'est ainsi que l'on trouve la Perspective d'une Piramide soit droite, soit renversée, d'un prisme incliné &c. Il arrive pourtant quelquefois que l'on peut abréger les pratiques du prob. précédent ; comme quand l'extrémité de plusieurs lignes se trouvent dans une même ligne, ou quand des lignes inclinées, qui ont des points Accidentaux différens, s'entre-coupent & se déterminent ainsi mu-

* 70.

mutuellement. Ceci paroîtra plus clairement par des exemples.

EXEMPLE I.

Mettre en Perspective plusieurs poutres paralléles entr'elles, qui soutiennent un Pan de muraille.

Fig. 38. Je suppose que les bazes des poutres, c'est-à-dire, les endroits où elles rencontrent la terre, soient dans une ligne paralléle à la muraille; & voici comment on trouvera alors la Perspective de ces poutres. Après avoir trouvé * leur point Accidental F, trouvez la représentation de leurs bazes : ensuite marquez sur la Perspective de la muraille, les apparences des lignes dans lesquelles les poutres rencontrent la muraille ; ces apparences sont ici les lignes *pt*, *rs*, qui repré-

* 69.

Essai de Perspective. 113
présentent des lignes parallèles au Plan Géométral, par la supposition que les poutres sont parallèles entr'elles, & leurs bazes également éloignées de la muraille. Enfin, des angles des représentations 1. 2. 3. 4., tirez au point F des lignes qui seront terminées par leurs intersections avec *p t* & *r s*, & donneront les Perspectives cherchées, comme on le voit dans la figure.

EXEMPLE II.

Mettre en Perspective les toits d'une Maison qui en a plusieurs parallèles entr'eux.

Ayant trouvé les points Acci- Fig. 39. dentaux G & Q de ces toits, marquez sur la Perspective de la muraille qui les soutient, les points *a b c d* où ces toits la rencontrent:
du

du point G, menez des lignes par les points *a b c* ; & du point Q, menez-en d'autres aux points *b c d* ; ces lignes se détermineront par leur intersection mutuelle, & donneront la représentation cherchée.

CONCLUSION.

75. Après tout ce que nous venons de dire, il ne sera pas difficile de mettre en Perspective toutes sortes d'objets. Mais comme il seroit très malaisé, pour ne pas dire impossible pour les Peintres, de faire un dessein entier suivant les régles que nous avons prescrites, le nombre des points qu'il leur faudroit trouver étant presque infini, ils pourront se borner à chercher la Perspective des figures tracées dans leur Plan Géométral, & celle des principaux points des objets qui sont hors de ce Plan. Cela, une fois trouvé, leur servira de régle pour ache-

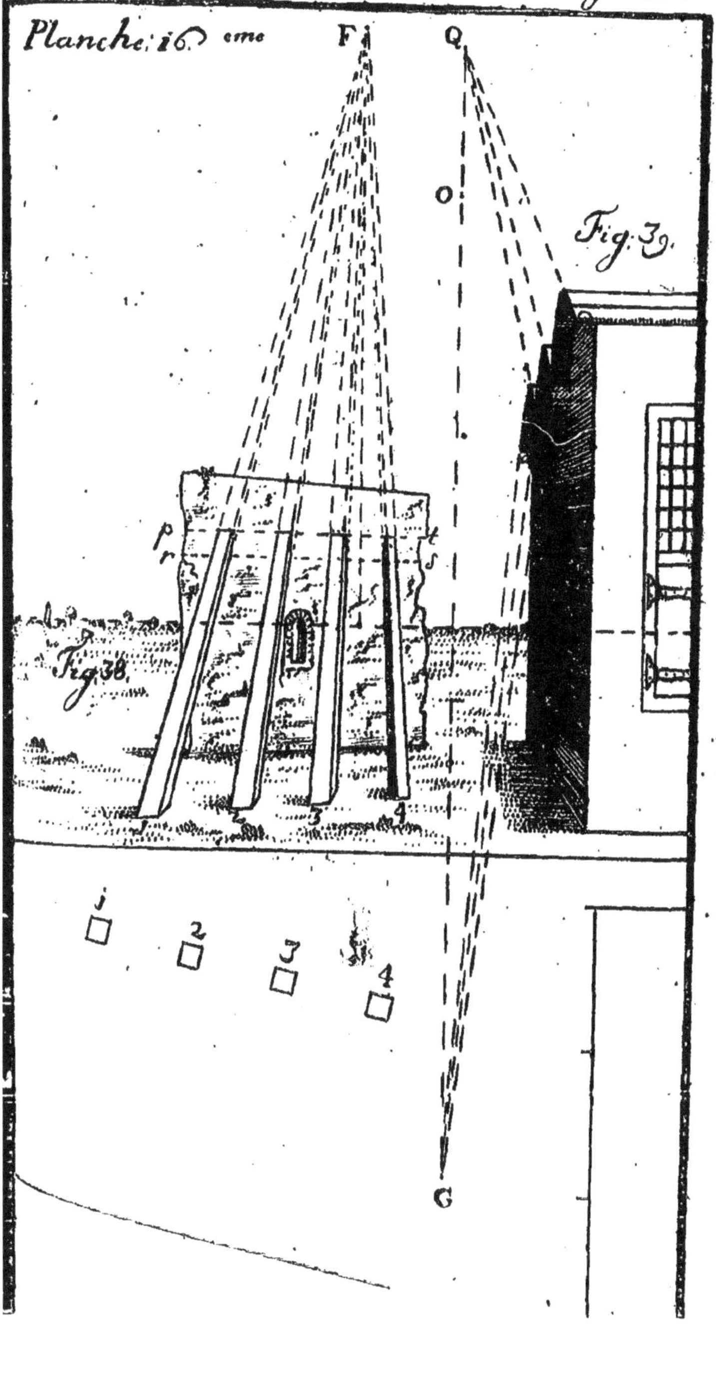

Planche 16.eme Pag. 114

Fig. 3.

Fig. 38.

achever tout le reste à l'œil, sans courir le risque de faire quelque faute considérable, & dont on puisse s'appercevoir.

CHAPITRE QUATREIME.

Suite de la pratique de la Perspective sur le Tableau perpendiculaire.

IL arrive souvent aux Peintres de choquer toutes les régles de la vrai-semblance, quand ils peignent des Tableaux pour être placez dans un lieu élevé, ou pour être vûs de côté, ou d'une assez grande distance. Accoûtumez à faire leurs Peintures de sorte qu'elles doivent être vûës de la même maniére qu'ils les regardoient eux-mêmes en les travaillant, leur routine leur devient inutile dans les cas dont nous venons

nons de parler ; & alors s'ils ne veulent pas commettre de lourdes fautes, ils sont obligez nécessairement de recourir aux régles de la Perspective. Celles que nous avons données dans le Chapitre précédent ne suffisent pas pour ces cas particuliers, & il sera nécessaire d'ajoûter ici quelques nouveaux Problêmes, qui avec les premiers, puissent satisfaire à tous.

PROBLEME I.

76. *Mettre en Perspective les figures qui sont dans le Plan Géométral, la distance de l'œil étant trop grande pour pouvoir marquer l'œil dans le Plan Horizontal, ou l'un des points de distance dans la ligne Horizontale.*

* 24.   Il faut trouver * la Perspective
de

Essai de Perspective.

de deux points de ces figures, & ces deux points serviront* à trouver la *38. représentation des autres.

EXEMPLE.

Soit ABCDE, un Pentagone Fig. 40. dont on cherche la Perspective; V est le point de vûë; & VF la sixiéme partie de la distance de l'œil au Tableau. Trouvez* *b* & *e* *24. Perspectives de B & E; & par le moyen de ces apparences vous aurez* celle du point A. Vous trou- *38 verez la représentation de D, en employant A & E; & celle de C, en y faisant servir B & A.

REMARQUE.

La Perspective des lignes per- 77. pendiculaires au Plan Géometral*, *56. & celle des lignes inclinées * se *70 trouve par des méthodes du Chapitre précédent.

PRO-

PROBLEME II.

78. *Mettre en Perspective les figures qui sont dans le Plan Géométral, l'œil étant si fort de côté qu'on ne le peut pas marquer dans le Plan Horizontal, non plus que le point de vûë dans la ligne Horizontale.*

On doit se servir ici, comme dans le Probléme précédent, du *n.* 38., après avoir trouvé de la maniére suivante la Perspective de quelques points des figures données.

Fig. 41. Au point C, pris à discretion dans la ligne de terre, élevez une perpendiculaire CD à cette ligne; & du même point C, tirez la ligne CE, de telle sorte, que si elle pouvoit être

Pag. 118

Planche 17.ᵐᵉ

F   V

Fig. 40.

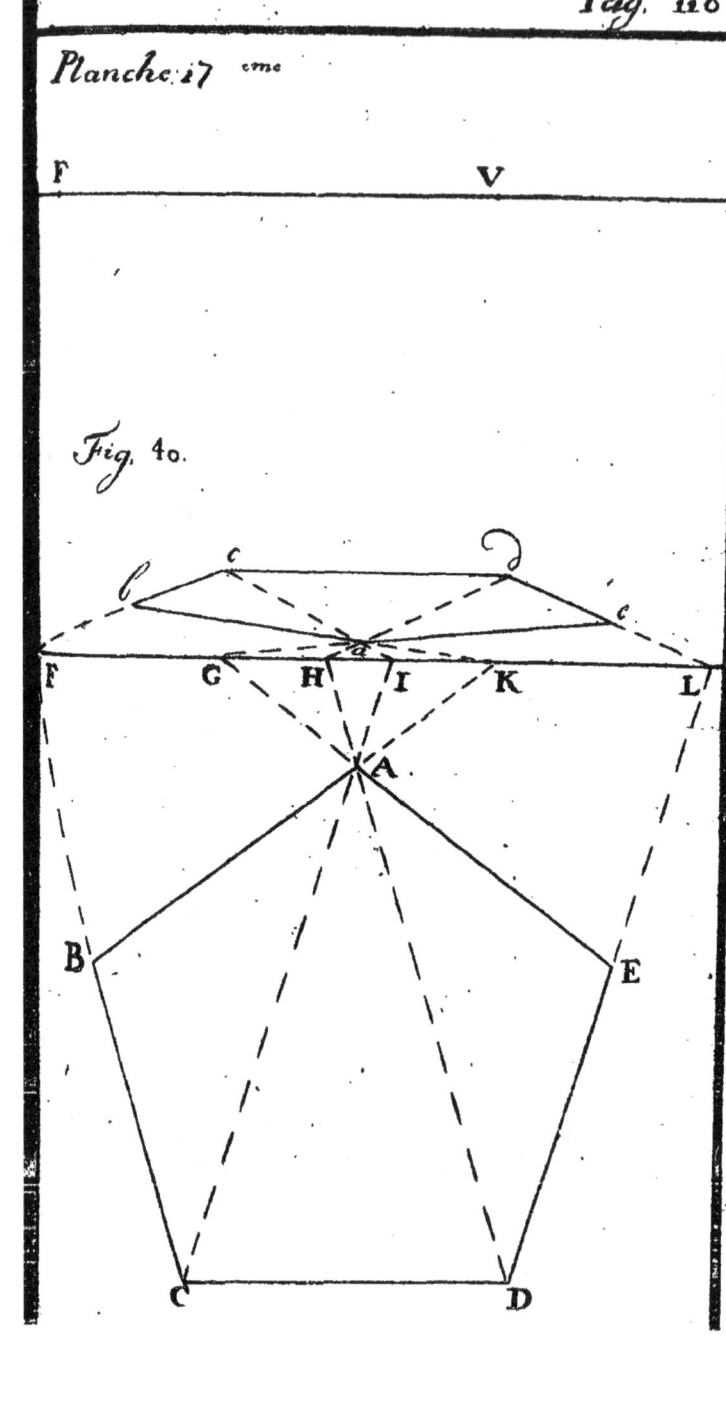

Essai de Perspective. 119

être continuée, elle iroit rencontrer la ligne Horizontale dans le point de vûë.

Ceci se fait en prenant CH, égal au tiers ou au quart &c. de la distance du point C, au pied de la ligne verticale; & en élevant dans le point H, la perpendiculaire HE, égale aussi au tiers ou au quart &c. de la hauteur de l'œil. A est un point donné dont on cherche la Perspective.

PRATIQUE.

Par le point A, menez à la ligne de terre une paralléle AB, qui rencontre la ligne CD, dans le point B : supposez à discretion un autre œil qui ait la même hauteur & la même distance que celui pour lequel on cherche la Perspective. Trouvez * pour ce second œil, FG perspective de AB. Continuez cette perspective jusques à ce qu'elle

*43

le rencontre la ligne CE en *b*; Prenez sur cette continuation, *ba* égal à FG ; & alors *a* sera la Perspective cherchée.

DÉMONSTRATION.

La distance & la hauteur du second œil ayant été faites égales à la distance & à la hauteur du prémier, ces deux yeux sont dans une ligne parallélé AB ; & par consé-
* 18 quent * la Perspective de AB doit être une partie de FG continuée,
* 12 & elle doit être * égale à cette mê-
* 16 me ligne FG : & partant, puisque* la Perspective de B, est dans la ligne CE, *ab* est la Perspective de AB, & *a* celle de A. Ce qu'il falloit démontrer.

REMARQUE.

79. Quant aux lignes perpendiculaires & inclinées au Plan Géométral, voyez

Essai de Perspective. 121

voyez la remarque* du Problême précédent. Celui-ci ne peut guére être utile que pour les décorations de Théatre.

* 77.

PROBLEME III.

Trouver la Représentation d'une figure qui est dans le Plan Géométral, le Tableau étant placé au-dessus de l'œil.

80.

Quand le Tableau est situé au-dessus de l'œil, on suppose que le Plan Géométral passe par le haut du Tableau : on marque dans ce plan, les figures qu'y forment les objets qui le rencontrent ; & ceux qui sont au-dessous s'y raportent par des perpendiculaires qui déterminent l'assiéte de ces objets dans ce plan. La hauteur de l'œil se mesure ici par une perpendiculaire menée de l'œil

F

l'œil à ce Plan Géométral ; ce qui fait voir qu'un Tableau élevé par rapport à l'œil, est la même chose qu'un œil élevé par rapport au Tableau.

Fig. 42. Soit IL, la ligne de terre, H le pied de la ligne verticale ; marquez à discrétion dans la ligne de terre vers les côtez du Tableau, les points I & L. Prenez IS égal au tiers ou au quart de IH ; & élevez à la ligne de terre au point S la perpendiculaire SX, égale à une partie correspondante de la hauteur de l'œil & de sa distance prises ensemble ; menez la ligne XIG ; vous menerez de même YLQ en prenant LT égal au tiers ou au quart &c. de LH. Tirez dans le Plan Géométral, la ligne GQ paralléle à la ligne de terre, & distante de cette ligne du tiers, par exemple, de la hauteur de l'œil ; & tracez FP dans le Tableau aussi paralléle à la ligne de terre, & éloigné de cette

Essai de Perspective.

cette même ligne du quart de la distance de l'œil. Ces deux lignes couperont XI en G & F, & YL en Q & P. Si on avoit pris la distance de GQ à la ligne de terre, égale au quart de la hauteur de l'œil, il auroit fallu prendre celle de FP, égale à la cinquiéme partie de la distance de l'œil, & ainsi de suite. A, est un point dont on demande la Représentation.

PRATIQUE.

Du point A, menez aux points F & P, les lignes AF, & AP qui coupent la ligne de terre en E, & en B; tirez les lignes EG, & BQ: a commune section de ces deux lignes continuées, est la Perspective cherchée.

DÉMONSTRATION.

Supposons que le Tableau soit

continué, CD est la ligne Horizontale; O l'œil marqué dans le Plan Horizontal. Par la construction il *78 est clair * que la ligne GF, continuée, passe par l'œil O : prolongez la ligne GS*a* jusques à ce quelle rencontre la ligne Horizontale en D, & menez la ligne OD. Abaissez du point G, sur la ligne Horizontale, la perpendiculaire GNR, que vous entre-couperez en R, par la ligne OR, qui passe par l'œil paralléle à la ligne Horizontale. Par la construction, GM est le tiers de MN : par conséquent il est le quart de GN; MZ est aussi le quart de NR : donc

GM, MZ :: GN, NR,
Compon. & altern.
GM, GN :: GM+MZ=GZ, GN+NR=GR.

Dans les triangles semblables GMI & GNC,

GM, GN :: GI, GC.

Les triangles GZF, & GRO, étant aussi semblables

GZ,

Essai de Perspective.

GZ, GR :: GF, GO.
donc
GI, GC :: GF, GO.
A cause des triangles semblables GIE, & GCD,
GI, GC :: GE, GD,
par conséquent
GF, GO :: GE, GD.
Et ainsi les triangles GFE & GOD, sont semblables; & la ligne FEA est parallèle à OD : d'où il s'en suit * que la perspective de EA, est une partie de E*a*D. On démontrera de même que B*a* est la perspective de BA; & ainsi la perspective du point A, commune section de EA, & BA, est *a*, intersection des perspectives de ces deux lignes.

*13

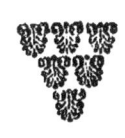

PROBLEME IV.

81. *Représenter une ligne perpendiculaire au Plan Géométral, le Tableau étant placé au-dessus de l'œil.*

Fig. 43. Soit B E, la ligne de terre. Prenez sur cette ligne E D, égal à la longueur de la perpendiculaire proposée, & tirez C L, parallèle à la ligne de terre, & éloignée de cette ligne du quart, par exemple, de la hauteur de l'œil; faites F L égal aux trois quarts de D E, & menez les lignes E L, & D F. Si on avoit fait la distance de C L à B E, égale à la cinquiéme partie de la hauteur de l'œil, on auroit dû prendre F L, égal à quatre cinquiémes parties de E D. Soit maintenant *a* la perspective du pied de la perpendiculaire proposée; menez par ce point, *a* H pa-

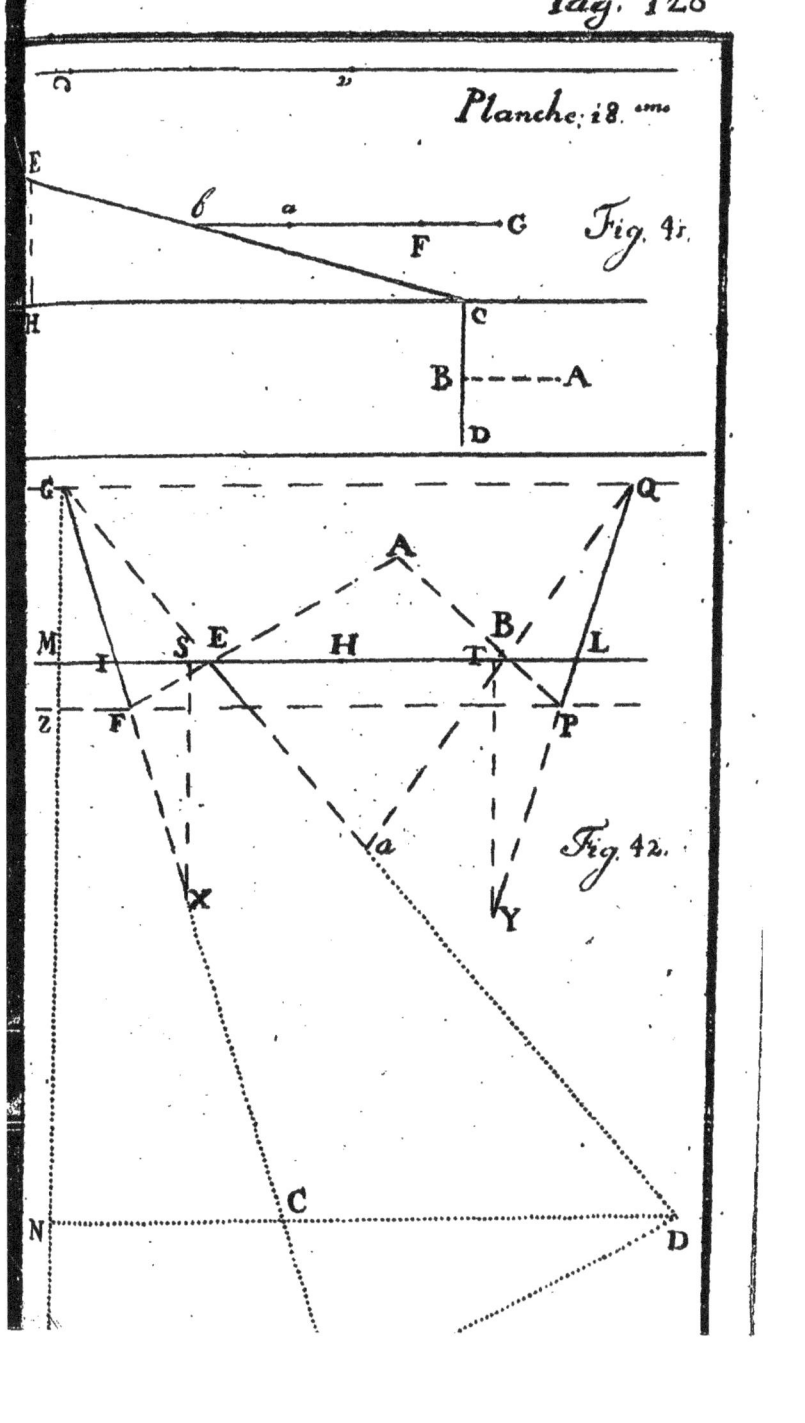

PROBLEME IV.

81. *Repréſenter une ligne perpendiculaire au Plan Géométral, le Tableau étant placé au-deſſus de l'œil.*

Fig. 43. Soit BE, la ligne de terre. Prenez ſur cette ligne ED, égal à la longueur de la perpendiculaire propoſée, & tirez CL, paralléle à la ligne de terre, & éloignée de cette ligne du quart, par exemple, de la hauteur de l'œil; faites FL égal aux trois quarts de DE, & menez les lignes EL, & DF. Si on avoit fait la diſtance de CL à BE, égale à la cinquiéme partie de la hauteur de l'œil, on auroit dû prendre FL, égal à quatre cinquiémes parties de ED. Soit maintenant *a* la perſpective du pied de la perpendiculaire propoſée; menez par ce point, *a* H

pa-

ligne de Station, S le point de station, & H l'intersection de la ligne de station & de la ligne de terre. Menez par ce point H, la ligne verticale HV, qui fasse avec SI un angle égal à l'angle de l'inclinaison du Tableau ; élevez ensuite à SI, dans le point de station S, la perpendiculaire IO, égale à la hauteur de l'œil ; & par l'extrémité de cette perpendiculaire, tirez le rayon principal OV, parallèle à SI, & coupant HV, dans le point de vûë V.

Maintenant il est clair que OV détermine la longueur du rayon principal, & HV la distance de la ligne de terre à la ligne Horizontale ; & comme les démonstrations des Problêmes, qui dans les chapitres précédents regardent le Plan Géométral, se raportent aussi au Tableau incliné, l'on peut se servir ici de ces Problêmes ; & par conséquent ce Tableau incliné se réduit
à un

à un Tableau perpendiculaire vû par un œil dont la hauteur seroit HV & la distance OV.

PROBLEME II.

Trouver la Perspective d'un point en l'air au-dessus du Plan Géométral.

83.

Soit HC la ligne de terre. Le point Accidental des lignes perpendiculaires au Plan Géométral est T. Il se marque* sur la ligne verticale dans l'endroit où elle est coupée par la prolongation de la ligne qui mesure la hauteur de l'œil; car cette derniére ligne est paralléle à ces perpendiculaires, ainsi ce point est le même que le point T de la fig. 44. : V est le point de vûë, S le point de station, & Q le point de station du Tableau perpendiculaire auquel se reduit * le Tableau incli-né.

Fig. 45.

*13.

*83.

né. A est l'assiéte du point donné.

PRATIQUE.

En quelque endroit apart tirez deux lignes M P & P E qui fassent ensemble un angle droit ; prenez sur une de ces lignes, P E égal à la hauteur du point dont on cherche la perspective, & menez la ligne EM, en sorte qu'elle fasse avec MP un angle égal à l'angle de l'inclinaison du Tableau. Du point A abaissez à la ligne de terre la perpendiculaire A D, sur laquelle vous prendrez A L égal à P M, vers la ligne de terre, quand le Tableau est incliné du côté des objets, comme nous l'avons supposé ici ; mais de l'autre côté de A, quand le Tableau est incliné vers l'œil. Du point A menez au point S une ligne qui coupe la ligne de terre en B. Joignez les points L & Q par une autre ligne qui coupe la ligne
de

de terre en C. Menez la ligne TBX que vous entre-couperez au point X par une perpendiculaire à la ligne de terre dans le point C ; le point X est alors la Perspective cherchée.

DÉMONSTRATION.

Dans la fig. 44. où V, S, T, & H, représentent les mêmes points que ceux qui sont marquez des mêmes lettres dans nôtre figure,
$$TH, HS :: TV, VO,$$
Compon. & altern.
$$TH, TV :: TH+HS, TV+VO,$$
Ce qui, appliqué à la fig. 45., est
$$TH, TV :: TS, TV+VO.$$
Si à présent on continuë TX jusques à ce qu'il coupe la ligne Horizontale en F. On aura
$$TH, TV :: TB, TF,$$
par conséquent
$$TB, TF :: TS, TV+VO.$$
D'où il s'ensuit, que si une ligne

étoit

étoit menée de l'œil au point F, elle seroit paralléle à SBA : donc * la perspective de BA est une partie de BX; & ainsi la perspective de A est dans cette ligne. La perspective d'une ligne perpendiculaire au Plan Géométral dans le point A, passe par la perspective de A, & par le point T *; c'est donc aussi une partie de TX : mais le point donné est dans cette perpendiculaire ; partant sa perspective est dans TX.

 D'un autre côté la perspective de CL est * une partie de CX, par conséquent la perspective de L est dans cette ligne. Si une ligne partoit du point L, & passoit par le point proposé, elle seroit paralléle à la ligne verticale ; & ainsi * sa perspective est perpendiculaire à la ligne de terre ; & comme cette perspective passe par celle du point L, ce sera une partie de CX : mais puisque cette ligne qui part du point L passe par le point proposé, la

Per-

Essai de Perspective. 133

Perspective de ce point est aussi dans CX, & partant en X intersection de CX avec TX.

REMARQUE.

Si le point T étoit trop éloigné, ou si TBX & CX s'entrecoupoient trop obliquement, il faudroit supposer le Tableau réduit * à un Tableau perpendiculaire, & chercher * la représentation d'un point en l'air dont l'assiéte fut L & la hauteur ME.

84.

* 82.
* 51.

PROBLEME III.

Trouver la Perspective d'une ligne Perpendiculaire au Plan Géométral.

85.

Il faut trouver * la Perspective de l'extrémité de la Perpendiculaire, en considérant cette extré-

Fig. 45.
* 83

mité

mité comme si c'étoit un point en l'air, élevé au dessus du Plan Géométral de la hauteur de la Perpendiculaire proposée; après quoi il faut mener du point D au point de vûë, une ligne qui par son intersection* avec T X donnera l'apparence *a* du pied de la Perpendiculaire proposée.

*16

REMARQUE.

Quand on est obligé de recourir à la remarque* du Problême précédent pour trouver le point X, on trouvera le point *a* en menant A S & D V, & en joignant ensuite les point B & X par un ligne. Lors que B X & D V se coupent trop obliquement, il faut pour trouver la Perspective *a*, avoir recours au Prob. 1.*.

*84

*82

SE-

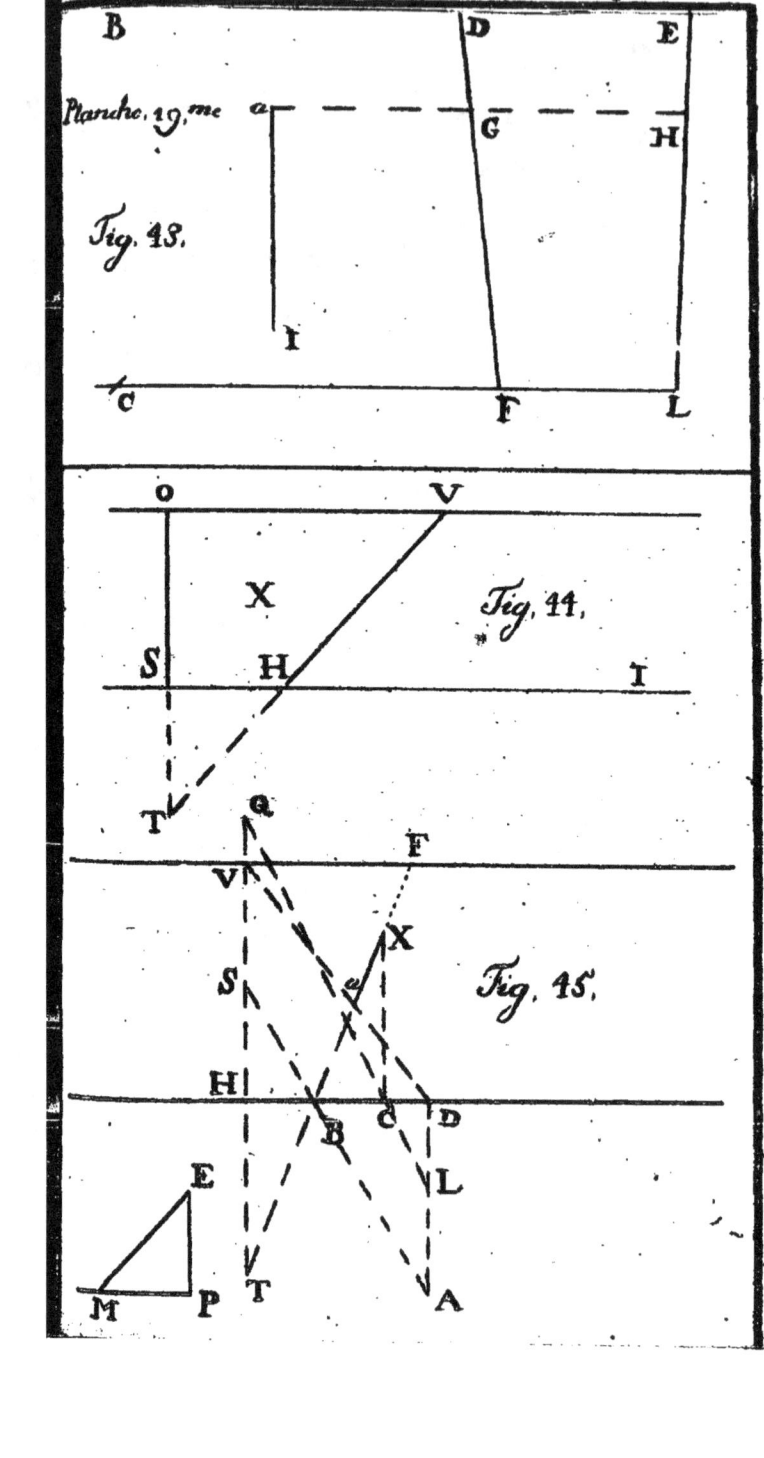

SECONDE METHODE.

Soit A le pied de la Perpendiculaire ; le triangle E P M est tracé comme il a été dit* ; T est le point Accidental des Perpendiculaires au Plan Géométral.

86.
Fig. 46.
* 83

PRATIQUE.

Par le point *a* Perspective de A, menez à la ligne de terre une Perpendiculaire que vous ferez * égale en représentation à la ligne M E en considérant cette dernière ligne comme paralléle à la ligne verticale ; de l'extrémité I de cette perspective, tirez au point de vûë V, une ligne entrecoupant la ligne T*a*, au point X., qui sera la Perspective de l'extrémité de la ligne proposée.

* 56.

Dé-

DÉMONSTRATION.

Suppofons que par le point A il paffe une ligne égale à M E, & paralléle à la ligne verticale : fuppofons de plus que par l'extrémité de cette ligne & par l'extrémité de la Perpendiculaire propofée il paffe une autre ligne ; cette derniére ligne par la conftruction de la figure M E P fera paralléle à la ligne de Station & par conféquent fa Perfpective * paffera par le point de vûë, & marquera par fon interfection avec T *a* l'extrémité de la Perfpective cherchée. Mais *a* I eft * la Perfpective de la première ligne que nous avons fuppofée égale à E M , & par conféquent V I eft celle de la feconde. Ce qu'il falloit démontrer.

* 16

*57.

RE-

REMARQUE.

Quand V I & T *a* se coupent trop obliquement, il faut avoir recours à la remarque de la méthode précédente, où il faut employer la méthode qui suit.

TROISIEME METHODE.

Soit T le point Accidental des lignes perpendiculaires au Plan Géométral: menez par ce point une paralléle à la ligne de terre, sur laquelle vous prendrez T R égal à O T de la fig. 44.

87.

Fig. 47.

PRATIQUE.

Prenez en quelqu'en droit, de la ligne de terre, D N égal à la ligne proposée, & menez les lignes D F & N F au point F pris à discrétion dans la ligne Horizontale ; puis par
le

le point *a* perspective de A, menez à la ligne de terre la parallelé *a* H sur laquelle vous prendrez *a* Q égal à G H. Alors si l'on tire les lignes T *a* & R Q qui étant continuées s'entrecoupent au point X, *a* X sera la perspective cherchée.

DÉMONSTRATION.

La partie *a* Q de la ligne *a* H,
* 57. est * la Perspective d'une ligne qui part du point A dans le Plan Géométral, & qui est égale à la ligne proposée, & paralléle à la ligne de
* 20. terre ; par conséquent * la ligne R Q passe par la Perspective de l'extrémité de la ligne proposée ; & partant X intersection de R Q avec T *a*, est la Perspective de cette extrémité.

R E-

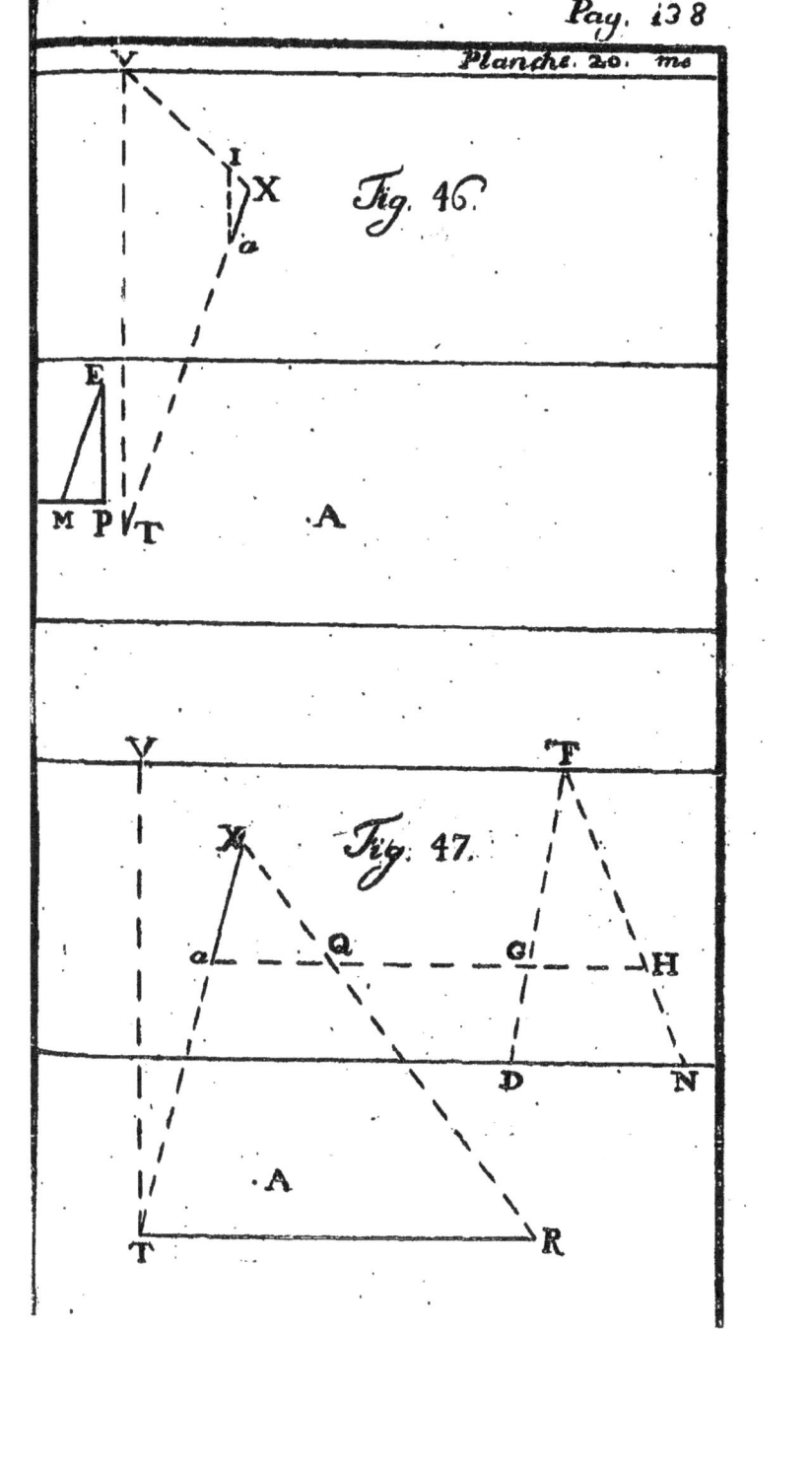

REMARQUE.

Il est clair * qu'on peut prendre * 19.
TR, la moitié ou le tiers &c. de ce
que nous l'avons pris ici, pourvû
qu'on prene aussi alors DN égal à
une partie correspondante de la ligne proposée.

PROBLEME IV.

Mettre en Perspective une 88.
Sphére.

Il faut se servir ici de la méthode donnée * pour le Tableau per- * 64.
pendiculaire ; avec cette différence,
qu'au lieu d'employer le point de
vûë, il faut prendre le point ou
une perpendiculaire de l'œil au
Tableau rencontre le Tableau. Et
il faut remarquer que c'est cette
perpendiculaire qui mesure la diftance

PROBLEME V.

89. *Trouver le point Accidental de plusieurs lignes inclinées au Plan Géométral.*

Fig. 48. Soit AB la direction d'une des lignes inclinées; O est l'œil dans le Plan Horizontal, S est le point de station.

PRATIQUE.

Menez par l'œil O, à AB, la paralléle OD, rencontrant la ligne
* 13, 14. Horizontale en D, qui sera * le point Accidental des directions des lignes données; & par le point de station S, tirez à la même ligne AB, la paralléle SN, coupant la ligne de terre en N; après quoi menez la ligne ND. De D comme

cen-

Essai de Perspective. 141

centre, & pour rayon DO, décrivez l'arc de cercle O*o* : & de N, comme centre, & pour rayon NS, tracez la portion de cercle S*s*. Menez la ligne *so* razant ces deux arcs de cercles, & la ligne D*o* perpendiculaire à *so*. Après quoi tirez *o*F, faisant avec *o*D un angle égal à l'angle de l'inclinaison des lignes, & coupant ND continué en F : alors F sera le point Accidental cherché quand les lignes ne sont point inclinées vers le Tableau : car si elles étoient ainsi inclinées, il faudroit mener *o*F au-dessous de *o*D.

DÉMONSTRATION.

Supposons que par l'œil il passe un plan paralléle aux lignes inclinées ; l'intersection de ce plan avec le Plan Horizontal sera OD ; & avec le Plan Géometral ce sera SN. Il est visible que si au-dessous du
Plan

Plan Horizontal quant les lignes sont inclinées vers le Tableau, & au-dessus quand elles le sont de l'autre côté, on mene dans ce plan une une ligne faisant avec OD une angle égal à celui de l'inclinaison des lignes proposées ; il est visible dis-je, que cette ligne sera parallèle aux lignes proposées, & rencontrera* le Tableau dans le point Accidental cherché. Si à présent on fait tourner sur la ligne ND comme sur son axe, le plan que nous venons de supposer, l'œil & le point de station qui sont dans ce plan rencontreront le Tableau en *o* & en *s* ; car les lignes D*o* & N*s* sont égales à DO & NS, & forment des angles droits avec la li-*so* qui joint leurs extrémitez. Or ces deux points *s* & *o* répondent à la situation de l'œil & du point de Station l'un à l'égard de l'autre, dans le Plan que nous avons supposé. Donc la ligne *o*F répond aussi

* 13. 14.

à

à la ligne qui dans ce Plan imaginaire a été supposée paralléle aux lignes proposées ; par conséquent le point F est la rencontre de cette paralléle avec le Tableau ; & partant c'est le point Accidental cherché.

REMARQUE.

Quand on a le point Accidental T des Perpendiculaires au Plan Géométral, on abrege cette opération, en menant la ligne T D, qui passe nécessairement par le point N. Le point *o* se trouve alors par l'intersection de l'arc O *o*, & d'un demi cercle dont le diametre seroit T D.

PROBLEME VI.

90. *Trouver la Perspective d'une ou de plusieurs lignes inclinées au Plan Géométral.*

Fig. 48. Soit A le pied d'une ligne inclinée au Plan Géométral, *a* sa Perspective. Déterminez par le moyen du triangle CPE, de la maniére *70 qu'il a été dit* pour le Tableau Perpendiculaire, la longueur AB de la direction de la ligne proposée.
83. Trouvez le point X Perspective d'un point en l'air au-dessus du point B de la hauteur de PE; alors *a* X sera la Perspective cherchée.

SECONDE METHODE.

Par le point Accidental des li- 91.
gnes inclinées & celui de
leurs directions.

Soit AB la direction d'une ligne Fig. 48.
inclinée ; D le point Accidental des
directions, & F celui des lignes
mêmes ; T le point Accidental des
perpendiculaires.

PRATIQUE.

Continuez la ligne AB jusques à
ce qu'elle rencontre la ligne de terre en G, & menez la ligne GD,
que vous couperez en a & en b par
des lignes tirées de A & B, à l'œil.
Tirez les lignes aF & Tb, s'entrecoupant au point X, & alors aX
sera la Perspective cherchée.

G Dé-

DÉMONSTRATION.

* 44.   *a b* eſt * la Perſpective de AB, par conſéquent la perſpective de la ligne inclinée eſt une partie de *a*F. Mais l'extrémité de la ligne inclinée eſt dans une perpendiculaire au Plan Géométral dans le point B ; donc la perſpective de cette extrémité eſt dans T*b*, & partant en X interſection de cette ligne avec *a*F.

TROISIEME METHODE.

92.
Fig. 49.   Par le point Accidental F des lignes inclinées, menez FH parallèle à la ligne de terre & égale à *o*F de la fig. 48. *a* eſt la perſpective du pied de la ligne inclinée dont on trouvera la Perſpective *a* X par la pratique décrite *n.* 71.

CHA-

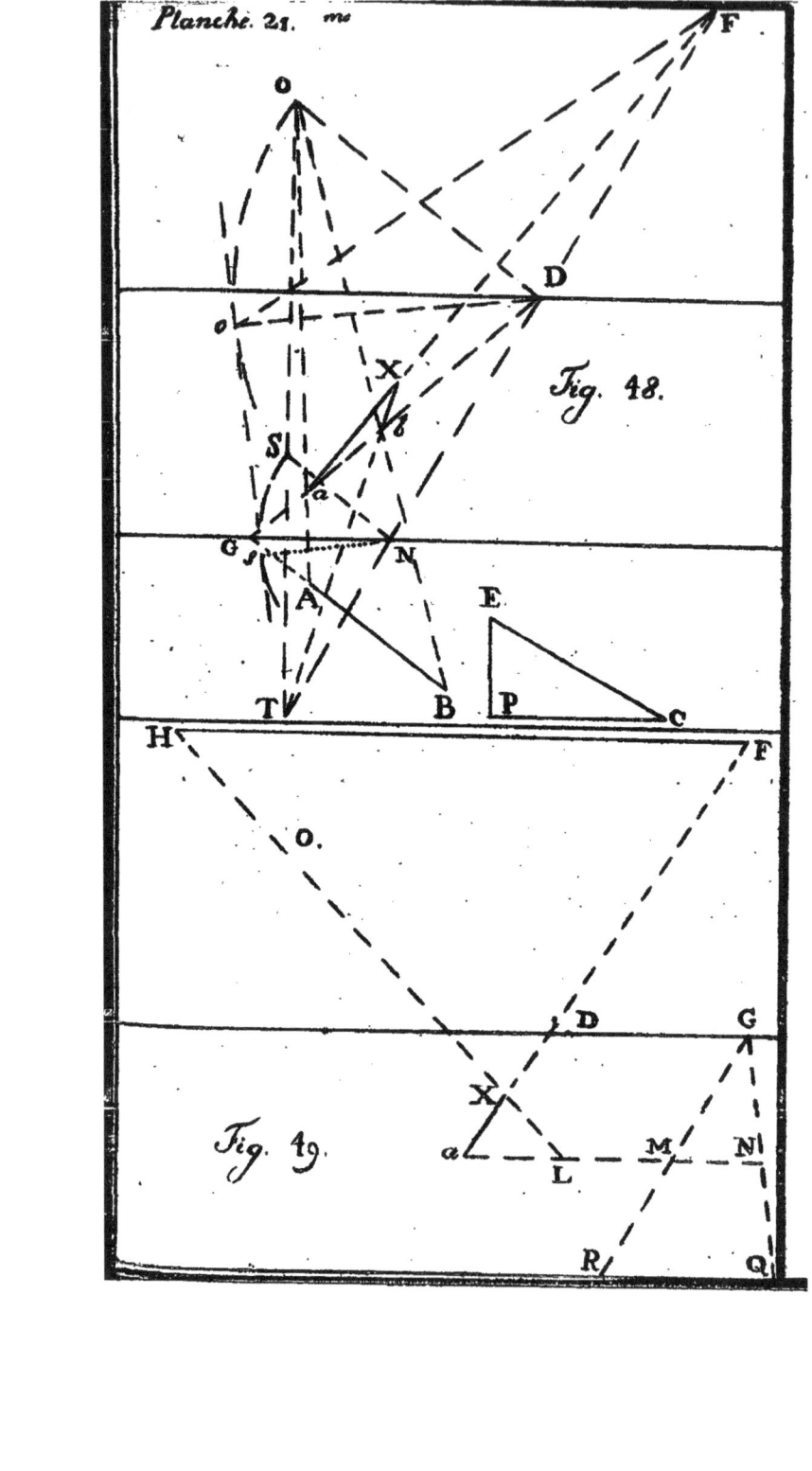

CHAPITRE SIXIEME.

Pratique de la Perspective sur le Tableau paralléle.

PROBLEME I.

Trouver la Perspective d'une figure qui est dans le Plan Géométral. 93.

Quand le Tableau est paralléle à l'Horizon, on le considére ordinairement comme étant lui-même le Plan Géométral; & alors le Problême est tout résolu, mais quand il arrive qu'un autre Plan Géométral est donné au-dessus, ou au-dessous du Tableau sur lequel on doit tracer la Perspective des figures qui sont dans ce plan, il faut, par la Géométrie, faire sur le Tableau des figures semblables aux prémié-

148 *Essai de Perspective.*

res ; en sorte que les lignes du Tableau soient à leurs correspondantes dans le Plan Géométral, comme la distance de l'œil au Tableau, est à sa distance au Plan Géométral.

La démonstration de cette pratique est évidente par le *n*. 8. & 9.

PROBLEME II.

94. *Trouver la Perspective d'une ligne perpendiculaire au Plan Géométral.*

Fig. 50. Tirez en quelqu'endroit à part, une ligne OS, sur laquelle vous prendrez OR égal à la distance de l'œil au Tableau, & OS, égal à la distance de l'œil au Plan Géométral. Elevez sur cette ligne aux points R & S, les perpendiculaires indéfinies RG & SM; & prenant sur SM, le point M à discretion, élevez sur cette ligne, la perpen-

Essai de Perspective. 149

pendiculaire MN égale à la ligne donnée, & tirez les lignes MO, & NO, qui coupent la ligne RG, au points E & G. Ensuite ayant mené à discrétion dans le Tableau une ligne par le point T, qui est le point où une ligne qui tombe de l'œil perpendiculairement sur le Tableau, rencontre ce Plan, prenez sur cette ligne TH, égal à RE & TI, égal à RG; tirez par le point *a*, perspective du pied de la perpendiculaire donnée, les lignes T*a*, & H*a*; & par le point I, menez une ligne IX parallèle à H*a*, & qui coupe T*a*, en X; & alors *a*X sera la perspective cherchée.

Fig. 51.

DÉMONSTRATION.

Il est évident * parce que je viens de dire, que le point T, est le point Accidental des lignes perpendiculaires au Plan Géométral; & par conséquent la perspective cherchée est une partie de T*a*.

* 13. 14.

G 3 De

* 4. De plus il eſt évident * que ſi par des lignes droites on joint les pieds & les extrémitez de deux lignes perpendiculaires au Plan Géométral & égales entr'elles, ces lignes de jonction auront des répréſentations paralléles, puis qu'elles ſont paralléles entr'elles & paralléles au Tableau. Par conſéquent puiſque H I, par la conſtruction, eſt la perſpective d'une ligne perpendiculaire au Plan Géométral, & égale à la ligne donnée, & que H a, paſſe par les perſpectives du pied de cette perpendiculaire, & de celui de la perpendiculaire donnée, I X qui eſt paralléle à H a, & qui paſſe par l'extrémité de la Perſpective H I, paſſera auſſi par la Perſpective de l'extrémité de la ligne donnée; & partant le point X ſera la Perſpective de cette extrémité.

REMARQUE.

Quand on a la Perspective d'une ligne perpendiculaire au Plan Géométral, il est facile par ce que nous venons de dire, de trouver la Perspective de toutes les autres perpendiculaires de même longueur.

SECONDE METHODE.

Quand le Tableau sert de Plan Géométral.

Soit T, (comme dans la figure 51.) le point Accidental des lignes perpendiculaires ; H I la portion d'un cercle, qui a pour centre T, & pour rayon la distance de l'œil au Tableau ; *a* est le point où la perpendiculaire dont on cherche la Perspective rencontre le Tableau ; BC est la longueur de cette perpendiculaire.

95.

96.

Fig. 53.

PRATIQUE.

De *a*, comme centre, & pour rayon BC, décrivez le cercle LF, & menez la ligne IL ou HF, qui raze les deux cercles HI, & FL; & alors *a*X ou *ax*, est la Perspective cherchée: *a*X, quand la perpendiculaire est élevée sur la face du Tableau que l'œil regarde; & *ax*, quand la perpendiculaire est du côté opposé.

DÉMONSTRATION.

Des centres T & *a*, tirez les rayons *a*F, *a*L, TH, & TI, aux points d'atouchement des lignes HF & IL, aux cercles FL & HI.

A cause des triangles semblables THX & *a*FX,

TH−*a*F, *a*F :: T*a*, *a*X,

Essai de Perspective. 153

Dans les triangles semblables T I x, & ax L.

T I + aL, aL :: Ta, ax.

Maintenant soit P M N R, le Ta- Fig. 54. bleau; O l'œil; A Q, la perpendiculaire dont on cherche la perspective; O t, une perpendiculaire de l'œil au Tableau, & par conséquent t, le point T de la figure précédente. Si on mene les lignes O Q, il est évident que A x, ou AX, est la perspective de AQ, suivant que cette ligne est au-dessus ou au-dessous du Tableau par rapport à l'œil. Or dans les triangles semblables O t x & Q A x.

Ot – AQ, AQ :: tA, Ax.
Et dans les triangles semblables OtX & XAQ

Ot + AQ, AQ :: tA, AX
Or Ot est égal à TH, & à T de la figure précédente; & AQ est égal à aF, & à aL, de la même figure; comme aussi tA, à Ta: par conséquent si on compa-

re ces deux derniéres proportions avec les précédentes, on trouvera $Ax = aX$ & $AX = ax$; ce qu'il falloit démontrer.

REMARQUE.

97. Quand on ne peut pas employer cette Méthode, à cause que les deux cercles s'entrecoupent, où sont l'un dans l'autre, il faut par le point T, mener à discrétion une ligne égale à la distance de l'œil au Tableau; & par le point a, lui tirer vers L ou vers F, suivant que la perpendiculaire est placée d'un côté ou d'autre du Tableau par rapport à l'œil, une paralléle égale à la perpendiculaire donnée. La ligne qui passera par les extrémitez de ces paralléles, déterminera la Perspective cherchée, par son intersection avec T a, comme il est évident par la démonstration précédente.

TROI-

TROISIEME METHODE.

Pour les perpendiculaires éga- 98.
les à une autre, dont on a
déja la Perspective.

Soit H I, la Perspective d'une Fig. 52.
perpendiculaire au Plan Géométral ou au Tableau. Du point Accidental T, comme centre, & pour rayon T H, décrivez l'arc de cercle H G, dont la corde est égale à H I ; tirez la ligne indeterminée T G C. *a* & *b* représentent les pieds des perpendiculaires dont il faut trouver la Perspective.

PRATIQUE.

Du centre T, décrivez par les points *a* & *b*, les portions de cercle *b* F E, & *a* D C ; menez les ligne T *b*, & T *a*, sur lesquelles prenez bL, égal à EF, & aX, égal à CD; & vous aurez les Perspectives cherchées.

DÉMONSTRATION.

Si HI, & aX, répréfentent des perpendiculaires de même grandeur ; par la démonſtration de la méthode précédente, IH, eſt à HT & aX, à aT, comme la différence de ces perpendiculaires avec la hauteur de l'œil, eſt à la grandeur de ces perpendiculaires : & partant

HI, TH :: aX, aT

Mais dans la conſtruction de ce Problême, à cauſe des triangles ſemblables TCD & THG

HG=HI, TH :: CD=aX, TD=aT

par conſéquent HI, & aX, repréſentent des perpendiculaires de même grandeur. Ce qu'il falloit démontrer.

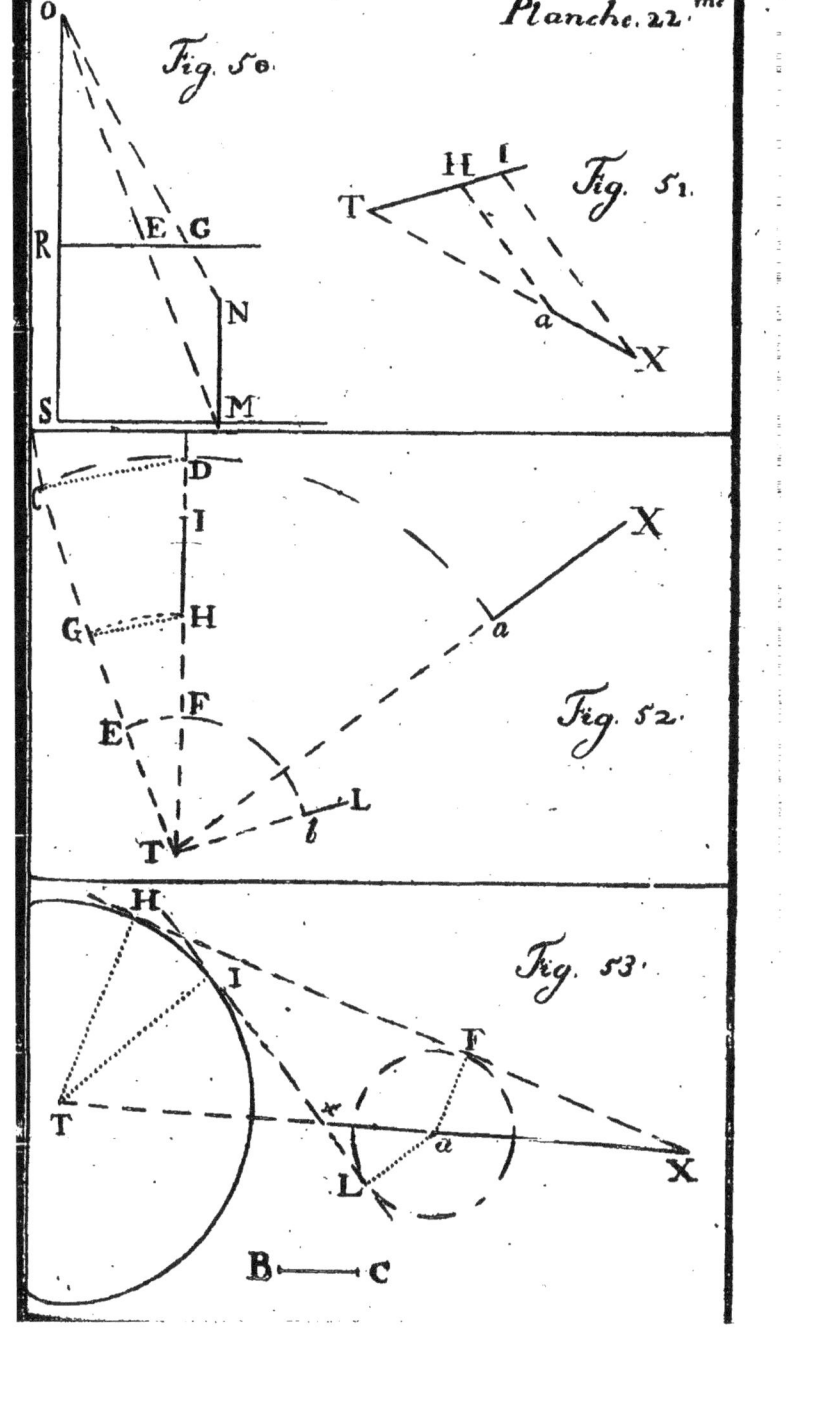

PROBLEME III.

Trouver le point Accidental de plusieurs lignes parallèles entr'elles & inclinées au Plan Géométral.

99.

Soit *ab*, la Perspective de la direction d'une des lignes données.

Fig. 55.

PRATIQUE.

Menez, par le point Accidental T des lignes perpendiculaires au Plan Géométral, la ligne FTL, parallèle à *ab*; & au point T, élevez à cette ligne la perpendiculaire TG, égale à la distance de l'œil au Tableau; & par le point G, menez la ligne GL, ou GF, en sorte que l'Angle TLG, ou TFG soit égal à l'angle de l'inclinaison des lignes données; & alors le point

L,

158 *Essai de Perspective.*

L, sera le point Accidental cherché, quand les lignes données sont inclinées vers *b* ; & ce sera F, quand elles sont inclinées vers *a*.

DÉMONSTRATION.

Il est clair par la construction, que si l'on suppose TG élevé en l'air perpendiculairement au Tableau, GL ou GF, sera parallèle aux lignes données ; & par conséquent *L, ou F, sera le point Accidental cherché.

* 13. 14

PROBLEME IV.

100. *Trouver la Perspective d'une ou de plusieurs lignes inclinées au Plan Géométral.*

Fig. 56. Soit *ab* la Perspective de la direction de la ligne donnée : on détermine la longueur de cette direction,

tion, par le moyen du triangle ECP, comme il a été dit * pour le Tableau perpendiculaire. Ensuite tirez par le point *b* la ligne *b*X, qui représente une perpendiculaire au Plan Géométral, égale à EP; & menez *a*X, qui sera la Perspective cherchée. *70.

SECONDE METHODE.

Par le moyen du point Acci- 101. *dental & de la Perspective des directions.*

Les mêmes choses étant données Fig. 56. que dans la méthode précédente; soit F, le point Accidental des lignes proposées, & T, celui des perpendiculaires au Plan Géométral.

P R A

PRATIQUE.

Du point F, menez une ligne par le point *a* : entrecoupez la au point X, par une autre ligne que vous menerez du point T, par le point *b* ; & alors *a* X sera la Perspective cherchée.

TROISIEME METHODE.

102. *Par le point Accidental, sans employer la Perspective des directions.*

Fig. 56. Les mêmes choses étant données que dans la méthode précédente; par le point *a*, tirez *a* I, qui réprésente une ligne perpendiculaire au Plan Géométral, & égale à E P. Par le point I, tirez à F T, une paralléle, qui par son intersection avec F *a*, détermine *a* X, qui est la Perspective cherchée. Re-

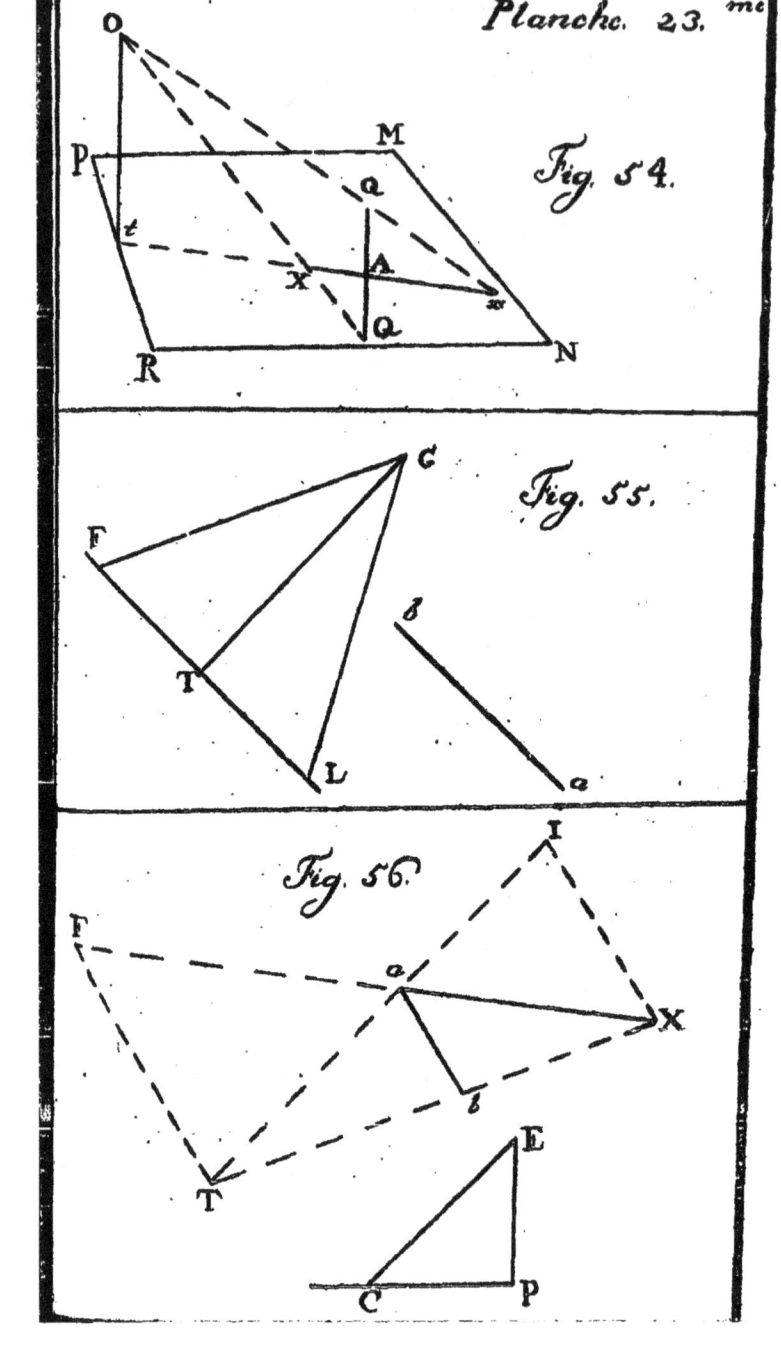

REMARQUE.

Quoique toutes les pratiques de ce Chapitre se rapportent au Tableau qui est au-dessous de l'œil, cela n'empêche pas qu'on ne s'en serve aussi quand le Tableau est placé au-dessus de l'œil. Dans ce cas on suppose le Plan Géométral au-dessus des objets, comme on l'a déja fait * dans une autre occasion. *80.

CHAPITRE SEPTIEME.

Des Ombres.

JE remarquerai d'abord ici avec ceux qui ont écrit sur cette matiére, que quand le corps lumineux est égal au corps opaque, l'ombre est renfermée entre des paralléles, & que par conséquent, elle

103.

elle est égale sur tous les plans paralléles entr'eux que l'on pourroit placer à quelque distance que ce fût au-delà du corps opaque. Quand le corps lumineux est moindre que le corps opaque, l'ombre croît & s'augmente à l'infini. Et quand au contraire le corps opaque est plus petit que le corps lumineux, l'ombre va en décroissant se terminer dans un point.

Bien-que le Soleil soit infiniment plus grand qu'aucun des corps qu'il illumine, l'extrême éloignement où il est par rapport à ces corps, nous fera considérer ces rayons comme s'ils étoient paralléles ; & par conséquent les corps qu'il éclaire, comme renfermez entre des paralléles : & c'est la prémiére sorte d'ombre que j'expliquerai ici : je parlerai ensuite des ombres qui vont toûjours en croissant. Ce que je dirai, suffira pour dessiner les ombres des corps rectilignes ; car quant

quant aux ombres des autres corps, il est si difficile de les déterminer Géométriquement, que le meilleur c'est d'examiner celles qu'on voit tous les jours, pour se former une routine de les imiter.

Pour ce qui regarde les ombres qui se perdent en un point, je n'en dirai rien, leur trop grande variété ne permettant pas qu'on puisse donner des régles de Mathématique pour les déterminer. D'ailleurs, les Peintres ne supposent guére leurs Tableaux illuminez de cette troisiéme maniére ; & quand ils le font, c'est pour représenter une chambre dans laquelle le jour entre par les fenêtres : mais alors le nombre de ces fenêtres, l'endroit où on les suppose placées, les différentes réfléxions que souffre la lumiére dans la chambre, toutes ces choses produisent tant de divers changemens, qu'un Peintre aura plûtôt fait de prendre garde aux ombres qu'il voit

voit à tous momens, pour se mouler là-dessus dans le besoin, que de recourir à des régles qui ne peuvent pas comprendre tous les cas. Je passerai aussi sous silence la matiére du *clair-obscur*; un peu d'attention à ce qu'on peut voir journellement éclairera mieux cette matiére que ne pourroit faire un long discours, d'autant plus qu'il est impossible, sur ce sujet, de fournir des régles générales, & que la multitude infinie des figures, ne souffre pas qu'on les examine chacune en particulier : outre que pour attraper le *clair-obscur*, un Peintre doit faire attention non-seulement aux figures des objets, mais encore à leur couleur & à leur matiére.

Pour les Ombres solaires.

PROBLEME I.

Trouver la Perspective de l'Ombre d'un point en l'air, dont on connoît l'assiéte & la hauteur au-dessus du Plan Géométral. 104.

Soit Z le Plan Géométral ; A le point d'assiéte du point donné ; AB la direction d'un rayon du Soleil. Fig. 57.

PRATIQUE.

Tirez en quelqu'endroit à part deux lignes qui fassent ensemble un angle droit ; & prenez sur une de ces lignes PE, égal à la hauteur du point donné au-dessus du Plan Géométral : puis tirant par le point E,
la

la ligne EC, qui fasse avec CP, un angle égal à la hauteur du Soleil, faites AB, égal à CP. Trouvez la Perspective du point B, & vous aurez le point cherché.

REMARQUE.

Cette Pratique, comme toutes les autres de ce chapitre, se rapporte à toutes les situations du Tableau, & elle est si évidente qu'il n'est pas besoin de la démontrer.

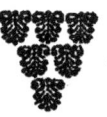

Essai de Perspective. 167

PROBLEME II.

Trouver la Perspective de l'Ombre d'un point en l'air, dont on a la représentation aussi-bien que celle de son assiéte, sans se servir du Plan Géométral.   105.

Trouvez * F le point Accidental des rayons du Soleil, & D, celui de leurs directions: puis du point D, tirez une ligne par *a*, Perspective de l'assiéte du point donné ; & du point F, tirez-en une autre par I, Perspective du point donné ; & alors *b*, intersection de ces deux lignes, sera le point cherché, comme il est évident.   Fig. 58.
* 69. 89.
99.

REMARQUE.

Quoique pour trouver le point
Acci-

168 *Essai de Perspective.*

* 69.89. Accidental de plusieurs lignes inclinées, nous ayons supposé * une des directions, marquée dans le Plan Géométral, il suffit pour la pratique, de connoître l'angle que font ces directions avec la ligne de terre : & ainsi, comme nous venons de le dire, on peut pour ce Problême, se passer entiérement du Plan Géométral.

106. Quand le Tableau est paralléle, les directions des rayons du Soleil n'ont pas de point Accidental ; mais leurs Perspectives sont paralléles entr'elles ; & dans ce cas, il faut tirer une de ces paralléles par le point *a* au lieu de la ligne D *a*. De plus quand il s'agit du Tableau perpendiculaire ou incliné, & que les rayons du Soleil sont paralléles au Tableau, il faut mener par le point *a*, une ligne paralléle à la ligne de terre ; & par le point I, il faut mener paralléle aux rayons du Soleil, une autre ligne qui coupera

la

la premiére dans le point cherché.

PROBLEME III.

Trouver la Perspective de l'ombre d'un point en l'air, quand il y a quelque corps qui empêche l'ombre de tomber sur le Plan Géométral. 107.

Il faut alors trouver la Perspective de la section de ce corps, par un Plan qui passe par le point donné perpendiculaire au Plan Géométral, & qui soit paralléle aux rayons du Soleil. L'intersection de cette Perspective, & d'une ligne menée de l'apparence du point donné, à la représentation de son ombre trouvée par un des Problêmes précédens, est la Perspective cherchée.

H   Pour

Pour les ombres d'une petite lumiére.

PROBLEME IV.

108. *Trouver la Perspective de l'ombre d'un point dont on connoît l'assiéte, & la hauteur au-dessus du Plan Géométral.*

Fig. 59. Soit Z, le Plan Géométral ; A, l'assiéte du point donné ; & C celle de la lumiére : tirez la ligne CAB, indéfinie ; & de C, comme centre, & pour rayon la hauteur de la lumiére au-dessus du Plan Géométral, tracez l'arc de cercle F : de même de A, comme centre, & pour rayon la hauteur du point donné, décrivez l'arc de cercle E. Menez la ligne F E, razant ces deux por-

portions de cercles, & coupant la ligne C A en B. Alors si on cherche la Perspective de B, on aura la Perspective de l'ombre qu'on demandoit.

PROBLEME V.

Trouver la perspective de l'ombre d'un point en l'air, dont on a la représentation avec celle de son assiéte, sans se servir du Plan Géométral. 109.

Il faut employer ici la pratique donnée * pour les ombres solaires, avec cette différence, qu'au lieu du point Accidental des rayons du Soleil, on se sert ici de la Perspective de la lumiére ; & qu'au lieu du point Accidental des directions de ces rayons, on prend la Perspective du point d'assiéte de la lumiére.

* 105

Remarque.

*106 Ce qui a été remarqué * sur les ombres solaires, ne regarde pas celles dont on parle ici : car à l'égard de ce Problême, il n'y a point de différence entre le Tableau Perpendiculaire, incliné, ou paralléle; parce que dans ces diverses situations, les deux points dont on se sert peuvent toûjours se trouver.

Il faut encore remarquer que le
107 Problême 3. se rapporte aussi bien aux ombres d'une petite lumiére, qu'à celles du Soleil, avec cette différence pourtant, que le Plan, qui dans le Prob. 3. a été supposé paralléle aux rayons du Soleil, dans celui-ci doit être supposé passer par la lumiére pour laquelle on cherche les Ombres.

CHA.

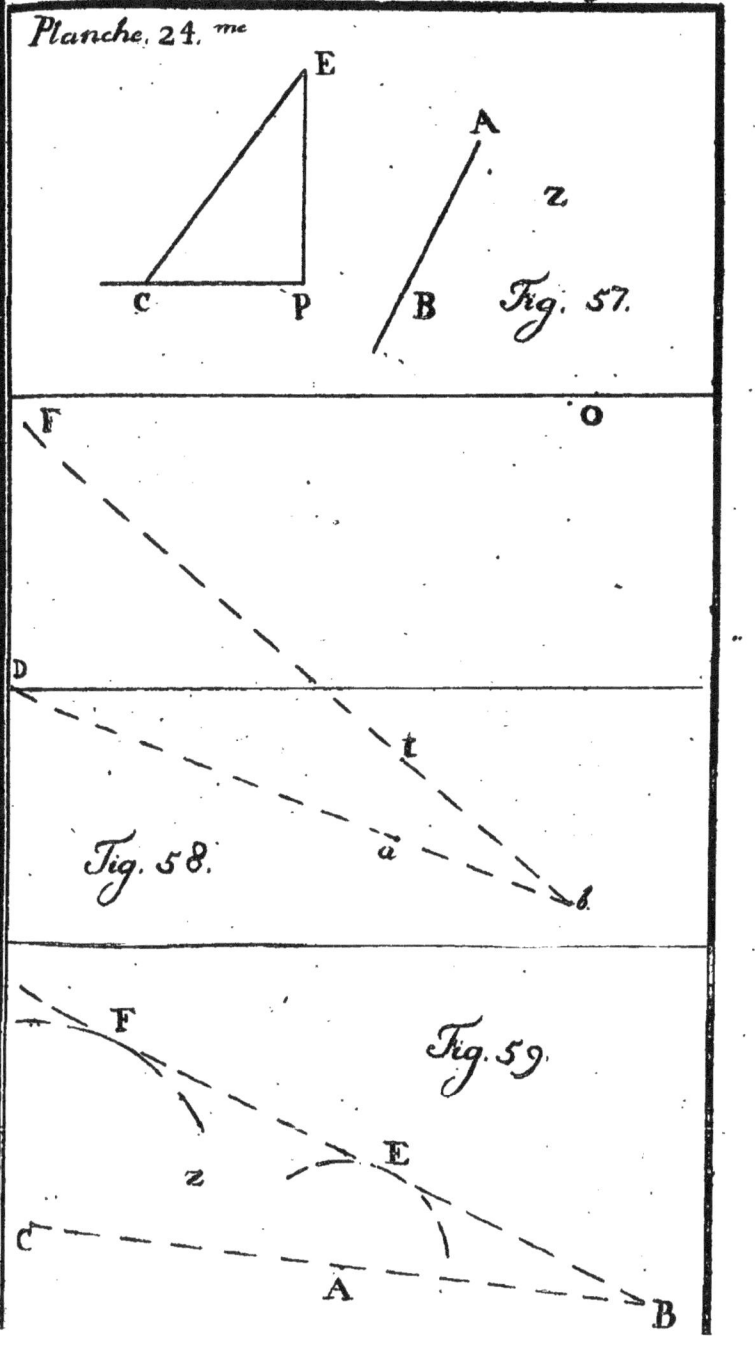

CHAPITRE HUITIEME.

Moyens d'abréger méchanniquement les opérations de la Perspective.

Pour le Tableau perpendiculaire.

PROBLEME I.

Trouver la Perspective des Figures qui sont dans le Plan Géométral. 110.

Soit O, l'œil; RH, la ligne de Fig. 60. terre; F & G, des points * mar- * 31. quez par les mêmes lettres dans la fig. 10. Attachez une régle au point G, laquelle puisse tourner sur

H 3 ce

ce point, en sorte que toutes les lignes qu'on tire le long d'un des côtez de la régle, passent par le point G. Au point F, est attaché un fil qui passe par le trou d'un éguille marquée B ; elle doit être d'argent ou de laiton, & pointuë des deux côtez, & ayant son trou proche d'une de ses extrémitez. Le fil passe ensuite autour d'une pointe attachée en O, & il est toûjours tendu par le moyen d'un plomb attaché à l'extrémité du fil, & de sorte qu'il pend librement hors de la table.

PRATIQUE.

Soit A, un des points de la figure qu'on veut mettre en Perspective : mettez sur ce point celle des deux pointes de l'éguille qui est proche du trou par où passe le fil. Faites glisser la régle GE, jusques à ce qu'elle coupe le fil AF, au point

point E, où ce fil coupe la ligne de terre, alors le point *a*, où la régle coupe le fil AO, eſt le point cherché, lequel on pourra marquer avec l'autre bout de l'éguille, en ſerrant la régle ſur le papier, pour qu'elle aſſujettiſſe le fil, que le plomb ſans cette précaution pourroit faire gliſſer. On continuera de la même maniére pour trouver les autres points.

Quant à la démonſtration, *voyez* *n*. 32.

Quelquefois il eſt plus commode d'uſer de la méthode ſuivante.

SECONDE METHODE.

Soit O, l'œil; H E, la ligne de terre; F I, la ligne Géométral. Ayez une régle MN, à laquelle ſoient attachez deux fils égaux. De O, comme centre, & pour rayon la diſtance des fils ſur la régle, coupez par un arc de cercle la ligne Géo-

Géométrale en F; attachez à ce point l'extrémité d'un des fils de la régle, & l'extrémité de l'autre au point O : ayez encore un fil qui passe par une éguille, comme il a été dit dans la méthode précédente : attachez ce fil en F, & faites le passer autour d'une pointe placée en O. La seule différence qu'il y a entre cette méthode & la méthode précédente, c'est qu'on se sert de la régle MN, en tenant toûjours tendus les fils MF, & NO, au lieu d'employer une régle qui tourne autour d'un point.

La démonstration est donnée ci-dessus *n*. 39.

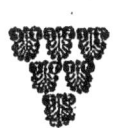

PROBLEME II.

Trouver la Perspective d'une ou de plusieurs lignes per- pendiculaires au Plan Géo- métral.

112.

Il faut avoir deux régles LC, & NZ, attachées par deux fils, ou plûtôt par deux fils d'archal égaux, & arrêtez à des distances égales LI & MN, sur les deux régles. Fixez l'une de ces régles au bord du Tableau, perpendiculairement à la ligne de terre. Ayez un fil qui passe par une éguille, & qui soit assujetti par un plomb, de la manière que je l'ai déja dit* : attachez ce fil à la coulisse D, qui peut se mouvoir le long de la régle LC; & faites passer ce fil autour d'une pointe dressée contre la régle CL, en C, de manière que CH, soit égal la hauteur de l'œil.

Fig. 60.

* 110.

PRO-

PRATIQUE.

Soit T, la Perspective du pied d'une perpendiculaire. Faites glisser la coulisse D le long de CL, jusques à ce que CD soit égal au double de cette perpendiculaire. Tendez le fil en faisant glisser l'éguille le long de la ligne Horizontale, jusques à ce que le bout du fil qui passe par C, traverse le point T : alors l'autre bout rencontrera en P la régle NS que l'on aura fait glisser jusques à ce qu'elle passe par T. Et PT sera la Perspective demandée.

La démonstration de cette pratique est évidente, par ce qui a été dit *n.* 59.

SECONDE METHODE.

Pour les perpendiculaires de 113. *même longueur.*

Quand il y a un grand nombre Fig. 60. de perpendiculaires de même longueur, FG, étant paralléle à la ligne de terre, & FO, égal à la hauteur de l'œil, on peut prendre Ff, égal à la longueur de ces perpendiculaires, & attacher en f, le fil qui est arrêté en F. Elevez à la ligne de terre la perpendiculaire RS, égale à Ff, & menez SQ, paralléle à la ligne de terre. Transposez * les figures du Plan Géométral, *61. en sorte que le point R, convienne avec le point S, & RH, avec SQ. Alors si on trouve *la Perspective *110. des pieds des perpendiculaires, en considérant SQ, comme la ligne de terre, on aura celle de leurs extrémitez.

TROISIEME METHODE.

114. *Pour les perpendiculaires de même longueur.*

Fig. 61.   Après avoir changé les figures du Plan Géométral, comme on
* 113. vient de le dire *, prenez sur la perpendiculaire R S, continuée, T *t*, égale à R S; & menez à la ligne de terre la paralléle *fi*. Marquez sur *fi*, le point *f*, de même
* 111. qu'on a marqué * F, dans F I; & attaché en *f*, les fils qui étoient attachez en F; puis en vous servant des fils ainsi attachez, & de S Q,
* 111. pour ligne de terre, trouvez * la représentation des pieds des perpendiculaires, & vous aurez la Perspective de leurs extrémitez.

Dé-

DÉMONSTRATION.

Des deux derniéres Méthodes.

Si l'on suppose qu'il passe un plan par les extrémitez des perpendiculaires égales, ce plan sera paralléle au Plan Géométral, & il rencontrera le Tableau en SQ, puisque RS, a été fait égal à ces perpendiculaires : de plus, les extrémitez de ces perpendiculaires formeront dans ce second plan, une figure semblable à celle que forment leurs pieds dans le Plan Géométral; & cette figure sera placée, à l'égard de la ligne QS, comme celle du Plan Géométral l'est à l'égard de HR. Par conséquent si on éleve la figure qui est dans le Plan Géométral, en sorte qu'elle soit à l'égard de QS, ce qu'elle étoit à l'égard de HR, & si l'on trouve la Perspective des pieds des perpen-

115.
Fig. 60.
& 61.

diculairess proposées, on aura celle de leurs extrémitez. Or le changement que nous avons dit qu'il falloit faire à la figure du Plan Géométral, lui donne à l'égard de QS, la situation requise, & on a trou- * 32.39. vé * la Perspective de la figure considérée dans ce nouveau Plan Géométral, puis qu'on s'est servi de SQ, pour ligne de terre, & que O*f*, (*fig.* 60.) est égal à la hauteur de l'oeil au-dessus de ce plan, & que *fi* (*fig.* 61.) est la ligne Géométrale dans ce même plan.

Pour le Tableau incliné.

PROBLEME III.

116. *Trouver la Perspective des figures qui sont dans le Plan Géométral.*

On peut se servir ici des pratiques

Planche. 25.me

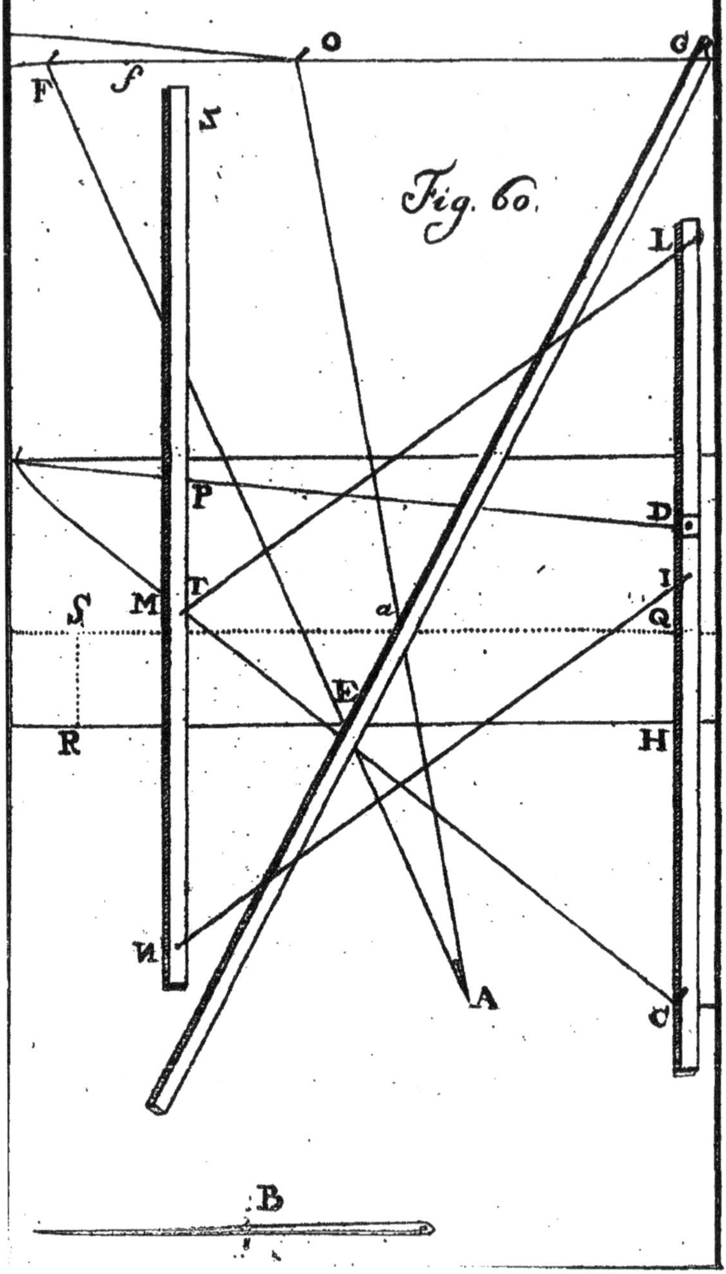

Fig. 60.

Essai de Perspective. 183
ques données * pour le Tableau * 110.
perpendiculaire, puisque le Ta- 111.
bleau incliné se peut changer * dans * 82.
un Tableau perpendiculaire.

PROBLEME IV.

Trouver la Perspective de plu- 117.
sieurs lignes de même lon-
gueur, perpendiculaires au
Plan Géométral.

Elevez en quelque point de la Fig. 62.
ligne de terre, une perpendiculaire RC, sur laquelle prenez RL,
égal aux lignes données; & tirez
par le point L, la ligne LP, en
sorte que l'angle LPR, soit égal à
l'angle de l'inclinaison du Tableau;
puis ayant pris RS, égal à PL, &
SC, égal à PR, menez les lignes
SQ, & CD, parallèles à la ligne
de terre : ensuite élevez les figures
du Plan Géométral, jusqu'à ce que
le

le point R, convienne avec le point C, & la ligne RH, avec CD; puis faites le reste comme pour le Tableau perpendiculaire*, en vous servant de SQ, pour la ligne de terre.

*113.
114.

Pour la démonstration, *voyez n.* 115.

Remarque.

Le point C, doit être pris au-dessous du point S, quand le Tableau est incliné vers l'œil, & au-dessus, quand il l'est de l'autre côté. F*f* de la *fig*. 60. doit être pris ici égal à RS, & la ligne T*t fig*. 61. doit être ici une partie de la ligne RC continuée, & elle doit être égale à RS.

Pour

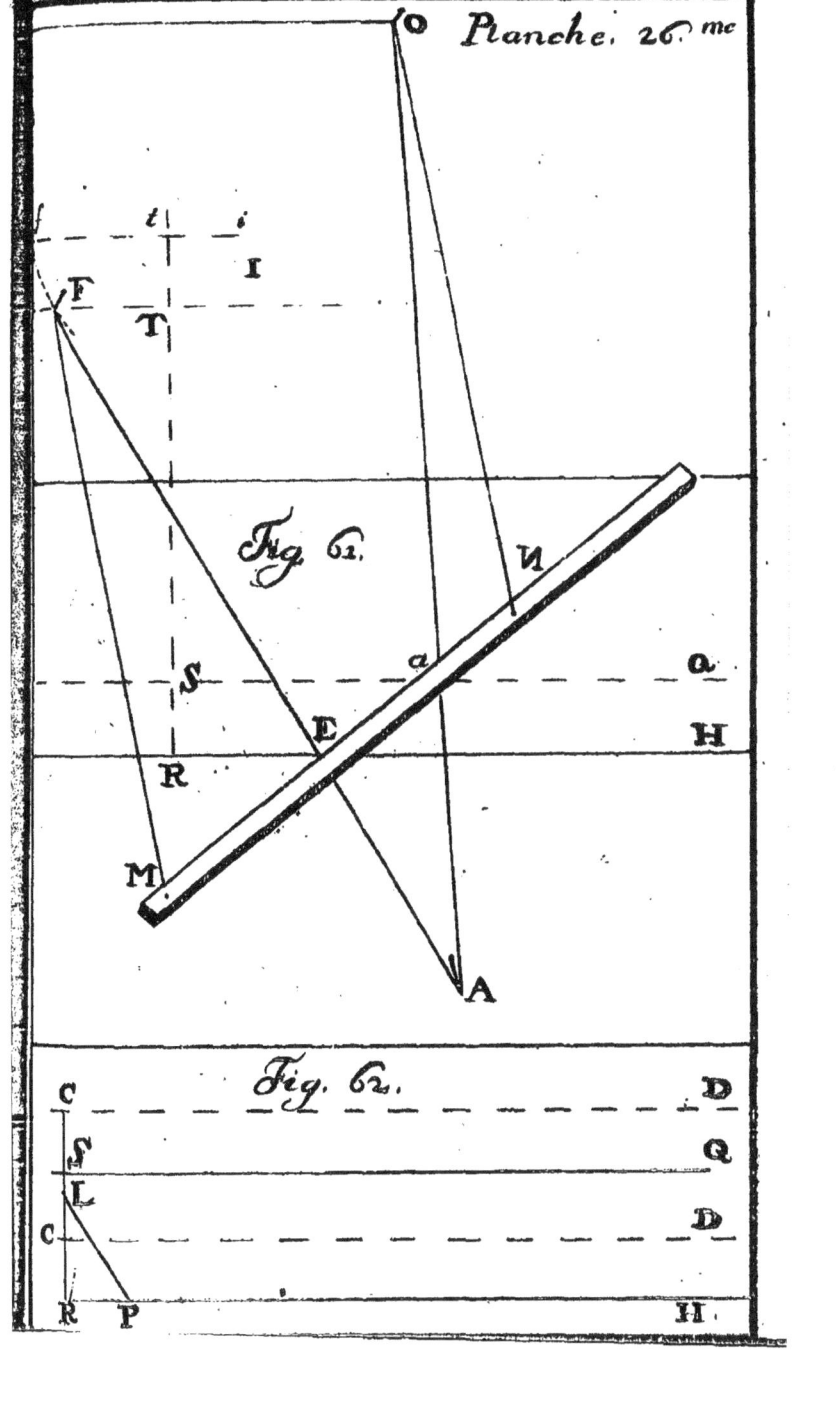

Pour le Tableau paralléle.

PROBLEME V.

Mettre en Perspective des fi- 118. *gures qui sont dans le Plan Géométral.*

Ayant tiré au hazard une ligne Fig. 63. CF, prenez à discrétion sur cette ligne le point I, & faites IH & IG, égales à la distance de l'œil d'avec le Tableau : Faites de plus IC, & IF, égales à la distance de l'œil au Plan Géométral, ou du moins que IG, & IH, soient à IF, & IC, comme la distance de l'œil au Tableau est à sa distance au Plan Géométral : Elevez aux points H & G, des perpendiculaires à la ligne CF, & ayez deux régles à chacune desquelles soient attachez deux fils égaux, en sorte que les

distan-

distances des points où ces fils sont attachez dans chacune des régles, soient égales entr'elles, comme M N, & P Q : faites ensuite de F, & de C, comme centres, & pour rayon MN ou PQ, deux arcs de cercles qui coupent les perpendiculaires élevées aux points G & H, dans les points E & D ; puis attachez les extrémitez des deux fils d'une des régles, aux points C & D, & les fils de l'autre, aux points F & E.

PRATIQUE.

Soit Z, le Plan Géométral, & A, un point des figures données. Faites glisser les deux régles en tenant tendus tous les fils, jusques à ce que les deux fils attachez aux points C & F, se croisent au point A ; & alors le point *a*, où les deux autres fils se croisent, est la perspective cherchée. On en usera de même

même pour trouver les autres points.

DÉMONSTRATION.

Le triangle D*a*E, est semblable 119. au triangle CAF : & puisque tous les triangles que l'on forme pour de différents points, ont les mêmes bazes DE, & CF, qui sont entr'elles comme la distance de l'œil au Tableau l'est à sa distance au Plan Géométral, il s'ensuit que leurs sommets forment des figures semblables, dont les lignes correspondantes sont dans la même proportion, & qui par conséquent sont * les perspectives cherchées. * 8. 9.

REMARQUE.

On pourra pour la commodité prendre les fils PE & MD, d'une autre couleur que les deux autres QF, & CN.

PRO-

PROBLEME VI.

120. *Trouver la Perspective de plusieurs lignes égales entr'elles & perpendiculaires au Plan Géométral.*

Fig. 64. Soient C, D, E, F, G, I, H, les points marquez des mêmes lettres dans la figure précédente, comme aussi les régles PQ & MN : soit de plus B, le point où une perpendiculaire de l'œil au Plan Géométral, rencontre ce Plan ; soit T, la perspective de ce point, trouvée par le Problême précédent. Faites FL, & CR, égales à la longueur des lignes données ; & des points R, & S, comme centres, & pour rayon MN, ou PQ, distances des fils sur les régles, faites deux arcs de cercle qui coupent les perpendiculaires HD, & GE, aux points X,

Essai de Perspective. 189

X, & S: puis attachez aux points L, & S, les extrémitez des fils qui étoient fixez aux points F & E; & transportez de même aux points R & X, les fils placez en C & en D : alors faisant glisser les deux régles jusques à ce que les fils SP, & XM, s'entrecoupent au point T, marquez le point O, où les deux autres fils s'entrecoupent. Menez par ce point & par le point B, la ligne indéfinie BOV : ensuite changez les figures du Plan Géométral, ensorte que le point B, convienne avec le point O, & la ligne BO, avec OV. Trouvez par le Problême précédent, en vous servant des fils attachez comme nous venons de le dire, les perspectives des pieds des perpendiculaires, & vous aurez celles de leurs extrémitez.

DÉMONSTRATION.

Suppofons un plan qui passe par
les

les extrémitez de ces perpendiculaires ; ce plan sera paralléle au Plan Géométral, & par conséquent aussi au Tableau, puisque toutes les perpendiculaires sont supposées égales. Or la figure que les extrémitez des perpendiculaires forment dans ce plan, est semblable & égale à celle que leurs pieds forment dan le Plan Géométral : & partant la Perspective de la figure qui est dans le second Plan, est aussi semblable à la figure qui est dans le Plan Géométral, & les lignes qui composent cette Perspective sont à leurs correspondantes dans ce second Plan, comme la distance de l'œil au Tableau, est à sa distance au Plan que nous venons de supposer. Mais par le moyen des fils attachez de la maniére que nous venons de le dire, on trouve une figure dont les lignes ont * cette proportion là ; donc cette figure est la Perspective cherchée, & elle est située, à

* 119.

l'él'égard des Perspectives des figures du Plan Géométral, comme elle doit l'être, parce que nous avons fait glisser ces figures; tellement que la perpendiculaire au point B, n'a pour Perspective qu'un point. Ces mêmes Perspectives sont aussi tournées de la manière qu'il le faut, parce que l'on a fait convenir la ligne BQ, avec OV.

Pours les Ombres solaires dans toutes les situations du Tableau. 121.

PROBLEME VII.

Trouver la Perspective des Ombres de plusieurs points élevez de la même hauteur au-dessus du Plan Géométral.

Trouvez* un point dans le Plan Géo- *104.

Géométral, qui soit l'ombre d'un des points donnez: changez les figures du Plan Géométral, en sorte que le point d'assiéte de ce point donné, convienne avec son ombre, & que la ligne qui passe par ce point d'assiéte & par le point d'ombre, convienne avec sa prolongation. Alors si suivant la situation du Tableau, on cherche * la Perspective des points d'assiéte des points donnez, on aura celle de leurs ombres.

* 110.
116. 118.

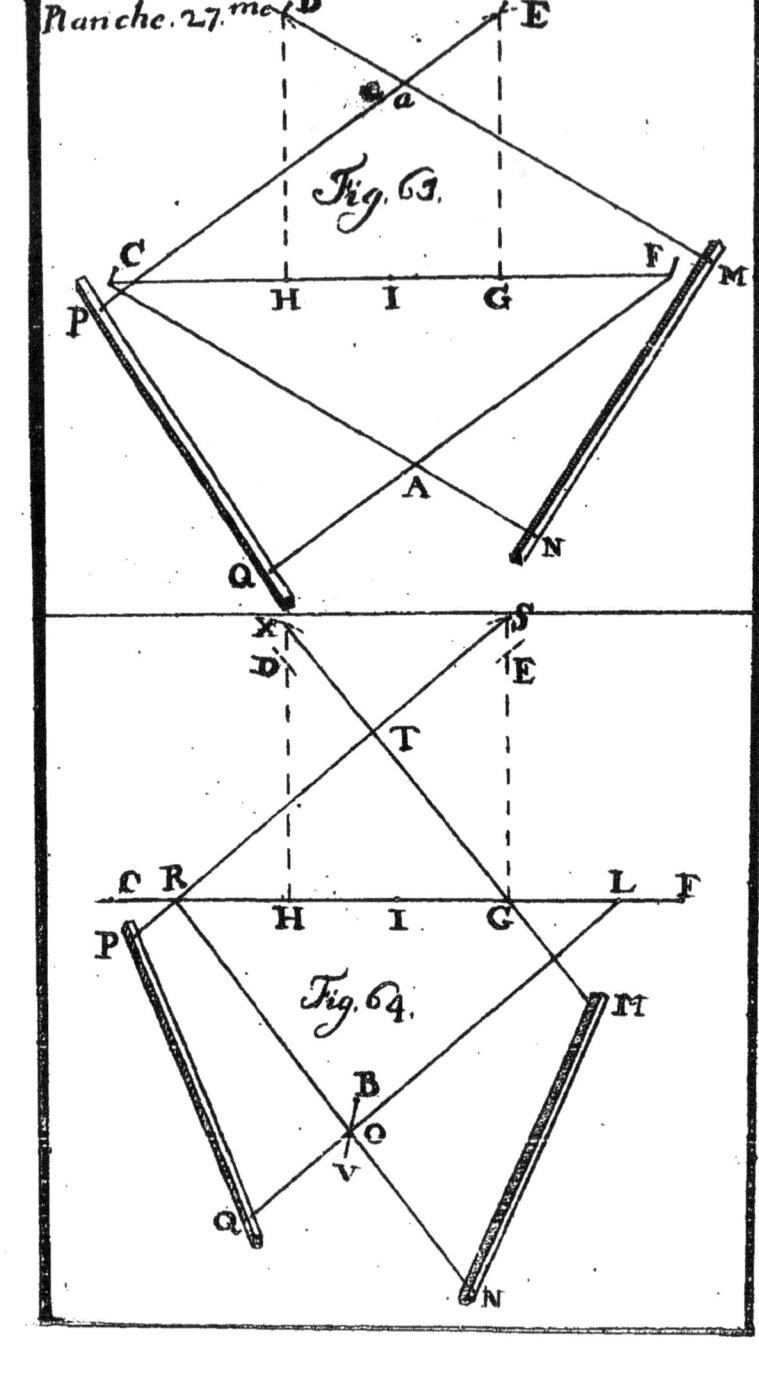

CHAPITRE NEUVIEME.

L'Usage des régles de la Perspective dans la Gnomonique. Ou l'art de tracer les lignes Horaires dans toutes sortes de Quadrans, par le moyen de l'Horizontal.

LA perfection du dessein n'est pas le seul fruit qu'on peut retirer de la Perspective, on peut en appliquer les régles à quelques autres parties des Mathématiques, & principalement à la Gnomonique, ou à l'Art de tracer les Quadrans Solaires : car si l'on considére l'extrémité du stile comme l'œil, & les rayons Solaires comme des rayons visuels, on pourra, par le moyen d'un quadran Horizontal, tracer tous les autres quadrans

I   possi-

possibles pour la même latitude, comme nous l'allons démontrer.

122. Soit ABCD, un quadran Horizontal fait pour une latitude quelle qu'elle puisse être; EF, son stile; HIML, un Plan sur lequel on doit tracer un quadran. Supposons que ce Plan soit situé de telle maniére, que l'extrémité de son stile FG, convienne avec l'extrémité du stile du premier quadran; alors si l'on trouve sur le Plan HIML, la Perspective d'une des lignes Horaires du quadran ABCD; en considérant le point F, comme l'œil, il est évident * que l'ombre du point F, rencontrera cette Perspective au même tems qu'elle auroit rencontré la ligne Horaire dont elle est Perspective; & par conséquent cette ombre montrera sur ce Plan, l'heure qu'elle auroit montré sur le quadran. Partant cette Perspective sera une ligne Horaire d'un quadran tracé sur le Plan HLMI,

Fig. 65.

* 2.

HLMI, & qui auroit pour ſtile GF. On démontrera la même choſe des Perſpectives des autres lignes Horaires qui forment enſemble un quadran ſur le Plan HLMI. Voyons maintenant comment on peut trouver le plus commodément ces Perſpectives.

PROBLEME I.

Tracer les Quadrans verti- caux. 123.

Par le point E, qui eſt le pied Fig. 66. du ſtile du quadran Horizontal ABFD, menez la ligne EO, égale à la longueur du ſtile du nouveau quadran que l'on veut tracer, & faiſant avec la méridienne C. XII, un Angle égal à l'Angle de la déclinaiſon du Plan : cet Angle doit être pris vers le point D, quand la déclinaiſon eſt du midi à l'Orient, comme ici ; vers F, quand elle eſt du midi à l'Occident; vers A, quand elle est du Septentrion à l'Occident, & vers B, quand elle est du Septentrion à l'Orient. Par l'extrémité O de cette ligne, tirez la ligne I H, qui lui soit perpendiculaire; puis menez par le centre du quadran, la ligne C P, paralléle & égale à E O; & par son extrémité P, menez la ligne P S, paralléle à H I.

Fig. 67. A présent pour tracer le quadran, tirez-en un endroit à part la ligne *h i*, sur laquelle vous marquerez les divisions de la ligne H I; & au point *o* qui convient avec le point O, vous éleverez la perpendiculaire *o p*, égale au stile du quadran Horizontal A B D F : menez par l'extrémité de cette perpendiculaire une paralléle à *h i*, sur laquelle vous marquerez les divisions de la ligne P S, en faisant convenir le point P, avec le point *p*; puis joignez chaque division de cette ligne

avec

Essai de Perspective. 197
avec celle qui lui répond dans la ligne *b i*, & vous aurez le quadran cherché, dans lequel *p*, sera le pied du stile, & *p s*, la ligne Horizontale.

DÉMONSTRATION.

La ligne de terre est *b i*; *p s* est la ligne Horizontale; *p*, le point de vûë; & EO, ou CP, de la fig. 66. est la longueur du rayon principal. Fig. 66. & 67.

Supposons que le Plan *p s b i*, soit posé perpendiculairement sur le quadran Horizontal, en sorte que la ligne *b i* convienne avec HI; & le point *o*, avec O. Supposons de plus que par l'extrémité du stile, que je considére comme l'œil, on méne dans le Plan Horizontal des lignes parallèles aux lignes Horaires du quadran; ces lignes comme il est évident, rencontreront la ligne Horizontale *p s*, dans les

I 3   points

198 *Essas de Perspective.*

points déja marquez; & par con-
* 13. séquent * les Perspectives des lignes Horaires sont les lignes qui
joignent les divisions des lignes *hi*
& *p s*.

REMARQUE.

Quand il arrive que la ligne H I,
rencontre la méridienne, la méthode ordinaire par le quadran Horizontal, est plus facile que celle-ci.

PROBLEME II.

124. *Tracer les Quadrans inclinez.*

Ces quadrans se tracent de la même maniére que les verticaux,
après que l'on a fait la préparation
suivante.

Fig. 68. Tirez la ligne *e c* égale au stile
du quadran Horizontal, & élevez
à ses deux extrémitez les perpendiculaires *e o*, & *c p*; puis par le point
c,

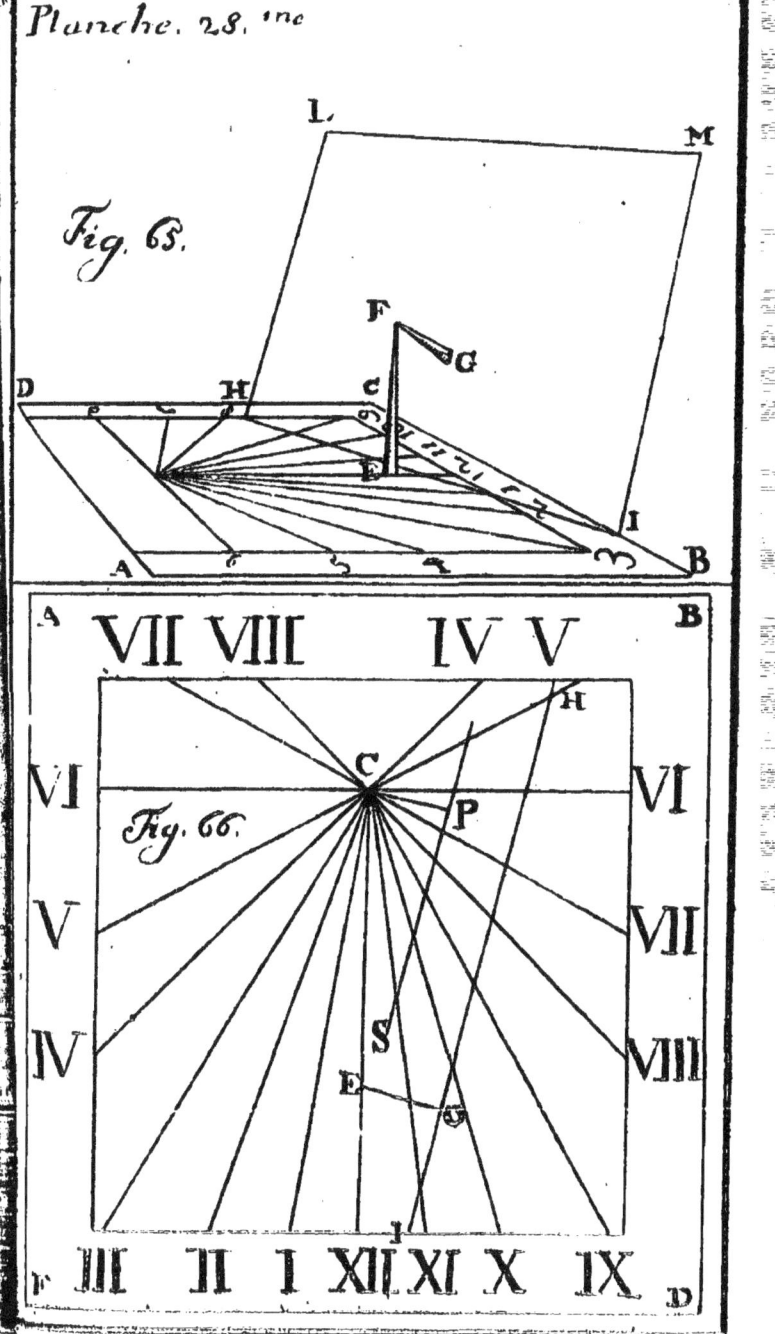

c, menez la ligne c G égale à la longueur du ſtile du quadran que l'on veut tracer ; & faiſant avec ce un Angle égal à l'Angle de l'inclinaiſon du Plan ſur lequel on le doit tracer ; après quoi menez par l'extrémité G de cette ligne, la ligne oGp qui lui ſoit perpendiculaire. Cette préparation achevée, on ſe ſert de la pratique du Prob. précédent, en faiſant E O & C P dans le quadran Horizontal, égales à eo, & cp, de cette figure ; & op dans le quadran que l'on veut tracer, égal à op de cette figure, dans laquelle le point G, donne le pied du ſtile.

S'il arrive dans la préparation Fig. 69. dont nous venons de parler, que la ligne po, coupe la ligne ec, il faut dans le quadran Horizontal prendre E O, dans la même ligne, où on l'auroit pris ſans cela ; mais dans cette ligne continuée de l'autre côté du pied du ſtile.

La Démonstration de ce Problême est la même que celle du précédent, si l'on considére que l'Angle poQ, est égal à l'Angle Gce, qui a été fait égal à celui de l'inclinaison du Plan.

On pourroit encore montrer plusieurs autres usages des régles de la Perspective, pour faciliter la Gnomonique; mais cela ne regarde pas mon sujet, il me suffit d'en avoir donné un petit Essai, touchant le Problême le plus commun & le plus utile de l'Art de tracer les Quadrans.

F I N.

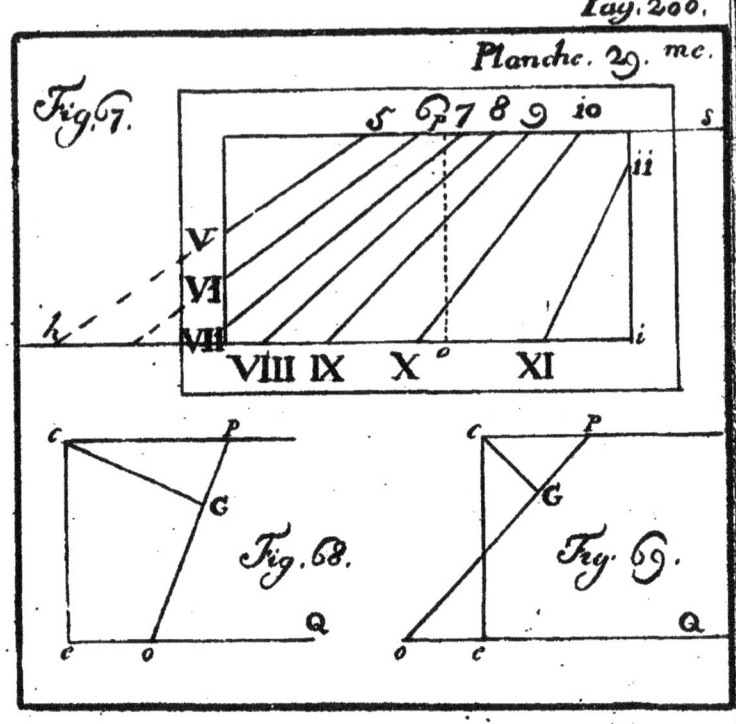

USAGE
DE LA
CHAMBRE OBSCURE
POUR
LE DESSEIN.

AVERTISSEMENT.

Tout le monde sçait avec quelle facilité on peut, par le moyen d'un seul verre convexe, représenter au naturel dans un lieu obscur, les objets qui sont au dehors. Spectacle, que la vivacité des couleurs, & la varieté des mouvemens rendent très agréables! Il est d'ailleurs si aisé de rendre cette invention utile pour le dessein, que le soin de traiter cette matiére aussi au long qu'on le fait ici, paroîtra sans doute peu nécessaire. Il semble qu'un petit nombre de remarques suffisent à un Lecteur attentif, pour le mettre sur les

AVERTISSEMENT.

voyes, & lui donner lieu d'employer quelque machine aux usages qu'on lui auroit indiqué. On pourroit lui laisser ainsi le plaisir de l'invention, après la lui avoir renduë facile. C'est aussi là le premier parti qu'on avoit résolu de prendre : mais on a consideré que dans la construction méchannique d'une machine propre à faciliter le dessein, on ne pouvoit pas prévoir plusieurs choses que l'expérience seule peut apprendre ; qu'il falloit tatonner assez long-tems, & essayer plusieurs méthodes avant d'en pouvoir choisir une qui fût simple & utile. Comme on avoit fait tout ce chemin là,

AVERTISSEMENT.

là, on a crû devoir en épargner la fatigue aux autres, & on a espéré qu'il ne leur seroit pas desagréable de voir ici la description de deux machines, lesquelles après plusieurs changemens, on se flate d'avoir renduës assez commodes.

La premiére des deux est sans contredit preférable de beaucoup à la seconde : elle est plus ferme ; elle rend le travail plus aisé & plus exact ; & il est plus facile d'y repréfenter les tailles douces. Joignez à tout cela, qu'avec très peu de changement on pourroit la rendre susceptible du petit nombre d'usages qui sont particuliers à la seconde Machine;

AVERTISSEMENT.

ne; mais qui sont de fort peu de conséquence. Néanmoins comme cette derniére Machine est plus simple, d'une dépense beaucoup moindre, & quelle est plus facile à transporter, on a crû qu'il seroit bon d'en donner aussi la description dans ce petit Ouvrage.

Je ne m'arrêterai point à faire valoir les avantages que ces Machines pourront procurer aux Peintres; je remarquerai seulement qu'elles sont d'un grand usage pour réduire dans un même Tableau plusieurs objets séparez. On peint le plus qu'il est possible d'après la nature: mais il est très mal aisé de donner à plusieurs objets

re-

AVERTISSEMENT.

repréfentez dans un Tableau leur véritable grandeur, & de les raporter à un même point de vûë: cependant cela s'éxécute avec beaucoup de facilité par le moyen des machines. Le point de vûë y eft toûjours le même, tant qu'on ne change point la difpofition du verre convexe; & la grandeur de la repréfentation des objets y dépend de leur éloignement de la Machine.

On pourroit fans doute perfectionner d'avantage cette invention, fi quelqu'un vouloit s'en donner la peine. Voici quelques remarques qui ne lui feront pas inutiles. 1. Il ne faut pas fe fervir de plus d'un verre convexe; car quand on en employe deux,

AVERTISSEMENT.

deux, ou d'avantage, on perd la véritable Perspective des objets. Inconvenient à quoi on est aussi sujet, quand de quelque maniére que ce puisse être, on fait entrer le miroir concave, dans la construction de la Machine ? 2. Quand on employe plus de deux miroirs plans, les rayons après une triple réfléxion sont trop foibles pour bien représenter les objets. Il faut même quand on se sert de deux miroirs qu'ils soient bien polis. 3. Il ne faut pas faire entrer les miroirs dans la Machine : car dans un lieu si étroit, l'humidité de la respiration les obscurciroit ; ce qui n'arrive pas au verre convexe, par ce qu'il est renfermé dans un tuyau.

USAGE
DE LA
CHAMBRE OBSCURE
POUR
LE DESSEIN.

Definition.

On nomme *Chambre Obscu-* 1.
re, tout lieu privé de lumiére, dans lequel on représente sur un papier, ou sur
quelqu'autre chose de blanc,
les objets qui sont au dehors,
exposez au grand jour.

Pour représenter ainsi les
objets, on fait de leur
côté, dans ce lieu ob-
scur, une petite ouver-
ture;

ture : on place dans cette ouverture un verre convexe, & au foyer de ce verre on étend un papier sur lequel alors les objets paroissent renversez.

Théoréme I.

2. *La Chambre Obscure donne la véritable Perspective des objets.*

Les figures représentées dans la Chambre Obscure se forment, *comme cela se démontre dans la Dioptrique*, par des rayons, qui partant de tous les points des objets, passent par le centre du verre : de sorte qu'un œil posé dans ce centre, verroit les objets par ces mêmes rayons lesquels par conséquent doivent donner la véritable représentation des objets, par leur rencontre avec un Plan. Mais la pira-

Chambre Obscure. 3

ramide que forment ces rayons au dehors de la Chambre, étant semblable à celle qu'ils forment après avoir passé le verre, il s'enfuit que les rayons, qui, dans la Chambre rencontrent le papier, y donnent aussi la véritable représentation des objets. Ce qu'il falloit démontrer.

Ces objets paroissent renversez, par ce que les rayons se croisent en traversant le verre, ceux qui viennent d'enhaut passant en bas, &c.

THEO-

THEOREME II.

3. *La reflection que souffrent les rayons sur un miroir Plan, avant de rencontrer le verre convexe, ne gâte point la représentation des objets.*

Cela est clair; car le miroir réfléchit les rayons dans le même ordre qu'il les reçoit.

Pour montrer à présent l'usage qu'on peut tirer de la Chambre Obscure pour le dessein, je donnerai ici la description de deux Machines dont je me suis servi pour cet effet, & j'en montrerai les usages.

Description de la premiére Machine.

Cette Machine a la forme à peu près d'une chaise à porteur : le dessus en est arrondi vers le derriére, & par devant elle est faite en talut jusques à la moitié de sa hauteur : voyez la Figure 70. qui représente la Machine, dont le côté opposé à la porte, est supposé enlevé, pour qu'on en puisse voir le dedans.

Au dedans la planche A, sert de table : elle tourne sur deux chevilles de fer qui entrent dans les bois qui forment le devant de la Machine. Cette table est soutenuë par deux chaînettes ; de sorte qu'on peut la soulever, pour entrer plus commodement par la porte qui est de côté.

De part & d'autre il y a vers le derriére de la Machine, un tuyaux de

4.
Fig. 70.

5.

6.

de fer blanc recourbé vers les deux bouts, comme on le voit dans la Figure 76. Ces tuyaux se placent dans la garniture qui est au dedans, & ils ont chacun une de leurs extrémitez, qui donne dans la Machine, & une qui aboutit au dehors. Ils servent à donner de l'air, sans que la lumiére y puisse passer. On n'a pas pû les marquer dans la Figure de la Machine.

7. Au derriére de la machine, en dehors, sont attachez quatre petits fers c, c, c, c, dans lesquels glissent deux régles de bois D E, D E, lesquelles sont de la largeur d'environ trois pouces. Au travers du haut de ces deux régles, passent vers D, D, deux lattes, qui tiennent attachée une planche F, laquelle, par leur moyen, on peut faire avancer & reculer.

8. Au-dessus de la Machine, il y a une planche, longue d'environ quinze pouces, & large de neuf,

dans

dans laquelle il y a une échancrure PMOQ, longue de neuf ou dix pouces & large de quatre.

On attache sur cette planche, deux régles faites en forme de queuë d'aronde, entre lesquelles on fait glisser une autre planche de même longueur que la prémiére, & large d'environ six pouces. Cette seconde planche est percée par le milieu; & dans cette ouverture qui doit avoir environ trois pouces de Diamétre, on fait une écrouë, qui sert à élever & à abaisser un Cilindre, sur lequel il y a une vis, & dont la hauteur est d'environ quatre pouces. C'est dans ce Cilindre, comme on le verra dans la suite, qu'est placé le verre convexe.

On fait glisser au-dessus de la planche dont on a parlé n. 8. une boëte X, en forme de petite tour quarrée, large d'environ sept ou huit pouces, & haute de dix; le côté B, qui lui sert de porte, est
tourné

tourné vers le devant de la Machine. Le derriére de cette boëte a vers le bas une ouverture quarrée N, d'environ quatre pouces, laquelle peut se fermer par une petite planche I, qui glisse entre deux régles.

11. Au-dessus de cette ouverture quarrée, il y a une fente, paralléle à l'Horizon, & qui tient toute la largeur de la boëte; par cette fente on fait entrer dans la boëte un petit miroir, qui des deux côtez glisse entre deux régles placées de telle maniére, que la glace du miroir qui est tournée vers la porte B, fait avec l'Horizon, un Angle de cent douze dégrez & demi.

12. Ce miroir, sur le milieu du côté qui reste hors de la boëte, a une petite platine de fer qui tient lieu de baze à une petite vis, laquelle avance & sert à arrêter le miroir dans l'endroit où on le voit en H. Pour le fixer ainsi, on fait passer la vis dans un petit trou qu'on fait

dans

Chambre Obscure.

dans la planche dont il est parlé *n*. 9., & par une fente qu'on fait pour cet effet dans la planche qui est au dessous de celle-là, & dont on a parlé *n*. 8. Ce miroir se tourne verticalement de tous côtez, & on l'arrête par le moyen d'une écroüe R. Quand on ôte le miroir, de cette situation, la fente dont on vient de parler se ferme par une petite planche, qui au dedans de la Machine glisse entre deux petites régles. Quant à la fente dont il est parlé *n*. 11. elle se ferme en partie par la planche I, quand on ouvre l'ouverture N, & les deux bouts qui restent ouverts se ferment par de petites régles.

A un des côtez de la boëte, on fait glisser une régle dans deux petits fers, pareils à ceux qui sont* au derriére de la Machine. Cette régle passe de quelques pouces le derriére de la boëte; & à son extrémité, elle a un trou par où on fait

13.

* 7.

K   passer

passer la vis du miroir dont je viens de parler : de sorte qu'on peut incliner ce miroir sous toutes sortes d'angles, au devant de l'ouverture N.

14. Outre ce premier miroir, il y en a un autre marqué L. Il est plus petit, & attaché vers son milieu à une latte qui passe par le milieu du haut de la boëte. Cette latte peut s'arrêter à vis, & elle sert à élever & à abaisser le miroir, qui lui est attaché de maniére à pouvoir être fixé à toutes sortes d'inclinaisons.

REMARQUE.

Ceux qui croiront que les tuyaux dont il est parlé *n.* 6. ne suffisent point pour donner de l'air à la Machine, pourront mettre sous le siége un petit soufflet, qu'on fera agir par le moyen du pié. De cette maniére on renouvellera continuelle-

Chambre Obscure. 11

lement l'air de la Machine, le souflet chanſant celui qui y eſt, & obligeant ainſi celui de dehors d'entrer par les tuyaux.

Uſage de la Machine.

PROBLEME I.

Repreſenter les objets dans leur diſpoſition naturelle. 15.

Quand on veut repreſenter les objets dans cette Machine, on étend un papier ſur la table, ou bien, ce qui eſt mieux, on étend le papier ſur une autre planche, en ſorte qu'il déborde, & on inſere cette planche ainſi couverte, dans un Quadre, en ſorte qu'elle y ſoit fixée, par le moyen de deux régles faites en forme de Queuë d'aronde. Fig 70.

On met dans le Cilindre C, * qui tour- * 9.

K 2

tourne à vis dans le haut de la Machine, un verre convexe dont le foyer est à une distance à peu près égale à la hauteur de la Machine au dessus de la Table : on ouvre par derriére la boëte qui est au dessus de la Machine, & on incline vers cette ouverture le miroir L, ensorte qu'il fasse avec l'Horizon un Angle demi droit, quand on veut représenter les objets pour le Tableau perpendiculaire. Alors, si on ôte le miroir H, & la planche F, aussi bien que les régles DE, DE, on verra se placer sur le papier tous les objets, qui envoyent sur le miroir L des rayons qui peuvent être réfléchis sur le verre convexe, lequel on éleve ou l'on abaisse par le moyen de la vis du Cilindre, jusques à ce que les objets paroissent entiérement distincts.

16. Quand on veut représenter ces mêmes objets pour le Tableau incli-

cliné, on doit donner au miroir, la moitié de l'inclinaison qu'on veut donner au Tableau.

17. Pour le Tableau paralléle, il faut fermer l'ouverture N, & ouvrir la porte B : après quoi il faut élever le miroir L jusques au haut de la boëte, en le mettant dans une situation paralléle à l'Horison. Cette disposition de la Machine peut servir, quand on est sur un balcon ou à quelque étage élevé, à dessiner un parterre qui seroit au bas.

18. Si on vouloit dessiner un Statuë qui seroit dans un lieu un peu élevé, & qu'on voulût la représenter de la maniére qu'il faudroit la Peindre, contre un Plât-fond, il faudroit tourner le derniére de la Machine vers la Statuë, & tourner aussi la boëte, en sorte que la porte B, regardât la Statuë ; alors après avoir ouvert la porte, il faudroit mettre le miroir L Verticalement, la glace tournée vers la Statuë, &

K 3 avan-

avancer ou reculer la boëte, ou bien élever, ou abaisser le miroir, jusques à ce que les rayons qui viennent de la Statuë sur le miroir, pussent être réfléchis sur le verre. Quand ces changemens de la boëte ou du miroir, ne suffisent pas pour donner cette réfléxion sur le verre, il faut avancer ou reculer la Machine entiére.

DÉMONSTRATION.

De ce qui vient d'être dit sur l'Inclinaison du miroir.

19. Pour démontrer qu'on a incliné le miroir d'un maniére convenable, il suffit de prouver que les rayons réfléchis rencontrent la Table sous le même Angle que les rayons directs rencontreroient un Plan qui auroit la situation qu'on veut donner au Tableau.

Fig. 71. Soit donc A B, un rayon venant d'un

d'un point de quelque objet sur le miroir G H, d'où il est réfléchi sur la Table de la Machine en *a* : il faut d'émontrer que si l'on mene la ligne D I, qui fasse avec F E un Angle égal à l'inclinaison du Tableau, c'est-à-dire, * que l'Angle D I E soit double de l'Angle D F I : il faut démontrer, dis-je, que, l'Angle B *a* F est égal à l'Angle B C D.   *15.16.

 Par la construction, l'Angle D I E est double de l'Angle D F I ; par conséquent ce dernier Angle est égal à l'Angle I D F ; & puisque l'Angle d'incidence C B D, est égal à l'Angle de réfléxion *a* B F, le Triangle B C D est semblable au Triangle F *a* B ; d'où il s'ensuit que l'Angle B *a* F est égal à l'Angle B C D. Ce qu'il falloit démontrer,

 Pour ce qui a été dit du Tableau paralléle, il faut remarquer ; que dans la démonstration précédente   20.

K 4   l'Anl'Angle de l'inclinaison du Tableau se mesure du côté des objets; & que si on diminuë cet Angle, jusques à ce qu'il soit égal à zero, on aura un Tableau paralléle à l'Horizon au dessous de l'œil. Mais par la démonstration, l'Angle de l'inclinaison du miroir étant la moitié de l'Angle de l'inclinaison du Tableau, il s'ensuit que l'inclinaison du miroir est aussi zero, & par conséquent qu'il doit aussi être paralléle à l'Horizon.

21. On démontre de même que le miroir doit être placé Verticalement quand on considére le Tableau paralléle au dessus de l'œil : car pour donner cette situation au Tableau, il faut augmenter, l'Angle d'inclinaison du Tableau mesuré du côté des objets, jusques à ce qu'il soit de 180. dégrez dont la moitié est 90. qui par conséquent est l'inclinaison du miroir.

PRO-

PROBLEME II.

Représenter les objets, en faisant paroître à droit, ce qui doit être à gauche.

22.

Ayant mis la boëte X, dans la situation qu'on voit dans la figure, il faut ouvrir la porte B & fermer l'ouverture N ; puis mettant le miroir H dans la disposition qu'il a été dit (n. 11.) Elevez le miroir L, vers le haut de la boëte, & inclinez-le vers le premier miroir, en sorte qu'il fasse avec l'Horison un Angle de 22. dégrez & demi ; c'est-à-dire, que le dessus de la Machine, après une double réfléxion, paroisse Vertical dans le premier miroir.

Fig. 70.

23.

Pour le Tableau incliné, il faut que le miroir L fasse avec l'Horizon, un Angle égal à la moitié de l'An-

24.

l'Angle de l'inclinaison du Tableau, moins le quart d'un Angle droit. On trouve cèt Angle avec assez de précision pour là pratique, en inclinant le miroir L, jusques à ce que l'apparence du dessus de la Machine, après une double réfléxion, paroisse dans l'autre miroir sous un Angle avec l'Horizon, égal à l'inclinaison qu'on veut donner au Tableau. Si l'inclinaison du Tableau étoit moindre que du quart de 90. dégrez, il ne faudroit pas incliner le miroir L, vers le prémier, comme il a été dit*, mais du côté opposé, en faisant l'Angle de l'inclinaison du miroir, égal à la différence de l'Angle de l'inclinaison du Tableau, au quart de 90. dégrez.

* 23.

25. Quand on veut représenter les objets pour le Tableau paralléle, il faut mettre le miroir L, dans la disposition qui a été dite (n. 15.) & le miroir H, dans celle qui a été dite (n. 13.) en l'inclinant vers l'Ho-

l'Horizon, sous un Angle demi droit, la glace tournée vers la terre, quand on suppose le Tableau au dessous de l'œil, & vers le Ciel quand on le suppose au dessus.

Cette disposition de la Machine 26. peut aussi être d'usage pour les Tableaux inclinez qui font avec l'Horizon un Angle fort petit ; mais alors il faut diminuër l'inclinaison d'un des miroirs, de la moitié de l'inclinaison du Tableau.

DÉMONSTRATION.

De l'Inclinaison des Miroirs. 27.

J'ai dit * que pour le Tableau   * 22. perpendiculaire, il falloit qu'un des miroirs fit, avec l'Horizon, un Angle * de 112. dégrez 30. min.,   * 11. & que l'autre miroir L devoit *   * 23. être incliné vers le premier, & faire avec l'Horison un Angle de 22. dég. 30. min. Soient M N & G H, Fig. 72.

K 6   deux

deux miroirs dans la situation que je viens de marquer : il faut démontrer que si le rayon A B, est parallèle à l'Horizon, il doit, après être réfléchi en B & en C, tomber perpendiculairement sur la machine. L'Angle A B N est * de 112. d. 30. m. ; par conséquent l'Angle d'incidence A B M, & son égal l'Angle de réfléxion C B N, sont chacun de 67. d. 30. m. L'Angle B P Q, est le complement à 180. d. de l'Angle N B A, plus l'Angle P Q B qui est * de 22. d. 30. m., donc cèt Angle B P Q est de 45. d. L'Angle P C B est le complément à 180. d. des deux Angles C B P & B P C ; par conséquent il est de 67. d. 30. m., de même que son égal l'Angle de réfléxion Q C *a*. En raisonnant de la même maniére, on trouve dans le triangle R C Q, que l'Angle C R Q est droit. Ce qu'il falloit démontrer.

28. Il n'est pas absolument nécessaire

re de donner aux miroirs l'inclinaison dont on vient de parler; on peut prendre l'Angle A B N à discrétion, & retrancher cet Angle d'un Angle de 135. d., pour avoir l'inclinaison du miroir G H. Néanmoins les Angles que nous avons déterminez sont les plus avantageux pour le Tableau perpendiculaire.

Quand le Tableau est incliné & qu'il fait avec l'Horizon l'Angle D I A il faut * que le miroir M N garde sa situation, & que l'Angle C Q R soit égal à la moitié de l'Angle D I A, moins le quart d'un Angle droit; & je dis qu'alors l'Angle F *a* C, ou son égal C R Q sera égal à l'Angle B I D. L'Angle P B Q, est * de 112. d. 30. m. donc l'Angle B P Q, qui est le complément à deux droits de P B Q, & de P Q B, est * de 90. d., moins la moitié de l'Angle D I A : d'où il s'ensuit puisque N B C est de 67. d.

29.
Fig. 73.
* 24.

* 21.

* 27.

d. 30. m., que l'Angle BCP, & son égal RCQ, est de 22. d. 30. m, plus la moitié de DIA. Si on ajoûte à cèt Angle, l'Angle RQC, leur somme sera égale à l'Angle DIA ; d'où il suit que l'Angle CRQ, est égal à DIR. Ce qu'il falloit démontrer.

30. Si on changeoit l'Angle RBN, & qu'il fût (*a*) & l'Angle DIA=*b*. Et qu'on nommât (*d*) l'Angle droit;

l'Angle CQR $= d + \frac{2}{1}b - a,$

31. Pour le Tableau paralléle il est
Fig. 74. aisé de voir que quand les deux miroirs GH & MN, font chacun inclinez sous un Angle demi droit, un rayon, qui est perpendiculaire à l'Horizon, tombe aussi, après la double réfléxion, perpendiculairement sur la Table.

PRO-

PROBLEME III.

Représenter tour à tour les Objets qui sont aux environs d'une Campagne, ou d'un Jardin, au milieu duquel on a placé la Machine, & faire paroître ces Objets redressez, devant celui qui est assis dans la Machine. 32.

Il faut tourner le dos de la Machine, vers le Soleil, par ce que les objets qui sont derriére la Machine, se représentant * par une seule réfléxion, leur apparence sera toûjours plus claire, bien qu'ils soient dans l'ombre, que celle des objets placez aux autres côtez & qui ne peuvent être vûs que par une double réfléxion.   * 15.

Les

33.
Fig. 70
* 12.
Les objets qui font aux deux côtez de la Machine, se repréfentent par le moyen du Miroir H, fitué * comme on le voit dans la Figure. On couvre ce Miroir d'une tour, ou boëte de carton ouverte du côté des objets, comme auffi du côté de l'ouverture N, de la boëte X; on doit ufer de cette précaution; car fi on laiffe le Miroir entiérement expofé, il réfléchira fur le Miroir L, les rayons de lumiére qui viennent de côté; lefquels entrant par le verre convexe, après avoir été réfléchis par le miroir L, affoibliront extrêmement la repréfentation.

34. Les objets qui font au devant de la Machine, fe repréfentent comme il a été dit (n. 22. & 28.)

PRO-

PROBLEME IV.

Repréfenter des Tableaux ou des Taille-douces.

35.

Les Tableaux & les Taille-douces qu'on veut repréfenter, s'attachent contre la planche F, du côté qui regarde le derriére de la Machine, laquelle on tourne en forte que ces Taille-douces foient expofées au Soleil. Dans cette fituation on les repréfente comme * les autres objets, avec cette feule différence, qu'il faut changer le verre convexe, qui eft dans le cilindre C: car fi on fe propofe de donner aux Taille-douces leur véritable grandeur, il faut que la diftance du foyer à ce verre, foit égale à la moitié de la hauteur de la Machine au deffus de la table; c'eft à dire, à la moitié de AC. Si on vouloit, dans le def-
feim,

Fig. 70.

* 15.

sein, donner à ces mêmes figures plus de grandeur qu'elles n'en ont véritablement, il faudroit que la distance du foyer à son verre fût encore plus petite; & il faudroit au contraire qu'elle fût plus grande si on vouloit représenter les figures plus petites qu'elles ne le sont. L'éloignement dans lequel il faut mettre les Taille-douces, se trouve en avançant ou en reculant la planche F, jusques à ce qu'elles paroissent distinctement dans la Machine. On peut déterminer encore cet éloignement, par la proportion suivante.

36.

La hauteur de la Machine au dessus de la table, moins la distance du foyer au verre,

est à

la hauteur de la Machine au dessus de la table

comme

la distance du foyer au verre

est

est à *la distance du verre à la figure.*

Remarquez que cette distance du verre à la figure, se mesure par un rayon refléchi, qui part de la figure parallélement à l'horizon, & est refléchi par le Miroir perpendiculairement sur le verre. Remarquez encore, que quand on veut éloigner les figures au delà du derriére de la Machine, il faut les attacher contre le côté F, de la planche, & la tourner en faisant passer ses lattes par les régles D E, D E, de maniére que la face F, regarde l'ouverture N.

REMARQUE.

Sur la représentation des Visages. 37.

Il seroit assûrément très curieux & très utile de pouvoir représenter les Visages des Hommes, au naturel. La chose réüssit fort bien en petit; & quand, parmi les objets qu'on envisage ainsi tracez, il se trouve quelque personne de connoissance, on la reconnoît très distinctement, quand même l'apparence de la personne entiére n'occuperoit pas un demi pouce sur le papier; mais il y a plus de difficulté de réüssir en grand; car quand on représente un Visage dans sa grandeur naturelle, on employe un verre tel qu'il a été dit * pour les Tailles-douces, & on place le visage dans l'endroit où on devoit mettre la planche F*. Mais ce visage qui paroît alors assez distinctement pour qu'on puisse reconnoître la personne, & pour satisfaire à la vûë, n'a pas d'ailleurs les traits assez marquez pour qu'ils puissent être suivis aussi exactement qu'il le faudroit pour garder la ressemblance. La raison en est, que les traits paroissent vifs & distincts dans

* 35.
* 35.

dans la Chambre Obscure, quand la réünion des rayons qui partent d'un même point d'un objet, se fait éxactement sur le papier, dans un seul point: mais le moindre éloignement, où un point est plus qu'un autre, du verre convexe, quand la distance est aussi petite qu'il la faut pour représenter les objets dans leur grandeur naturelle, change tellement le lieu de cette réünion, que pour les différentes parties du visage, ces lieux different de plus de deux pouces & demi. Ainsi il n'est pas surprenant que tous les traits ne soient pas aussi marquez qu'on le souhaite, puisque dans toutes les distances qu'on pourra choisir, il y aura toûjours beaucoup de rayons dont la réünion se fera à plus d'un pouce au deçà ou au delà du papier. La confusion qui naît de cette diversité, pour n'être pas fort remarquable à la vûë, ne laisse pas d'être

nui-

nuifible, & d'empêcher qu'on ne puiffe attraper une éxacte reffemblance. Je fais ici cette remarque, afin de donner une jufte idée de la valeur de cette Machine, en marquant également en quoi elle peut être réellement utile, & en quoi fon utilité aparente eft fujette à une erreur que l'expérience découvre plûtôt que le raifonnement.

REMARQUE. II.

38. *Sur l'ouverture du verre convexe.*

Dans tous les Problêmes précédens il ne faut pas négliger d'éxaminer l'ouverture qu'on doit donner au verre convexe; car bien qu'on ne puiffe pas réduire cette ouverture à une mefure fixe, il fera bon toûjours de faire attention aux remarques fuivantes. 1. Qu'on
peut

peut ordinairement donner au verre la même ouverture qu'on donneroit à une lunette d'approche, dont ce verre feroit l'objectif. 2. Qu'il faut diminuër cette ouverture quand les objets font fort éclairez, & qu'il la faut augmenter, quand au contraire quand ils font exposez à un jour plus foible. 3. Que les traits paroiffent mieux marquez avec une petite ouverture qu'avec une plus grande, & qu'ainfi lors qu'on veut deffiner, il faut donner au verre le moins d'ouverture qu'il fera poffible; avec cette précaution pourtant, qu'il ne faut pas trop exténuër la lumiére qui entre par là dans la Machine. On voit par toutes ces rémarques, qu'il eft bon d'avoir plufieurs pieces de fer blanc ou de cuivre mince, qui foient rondes, de la grandeur du verre, & percées différemment, afin de pouvoir ainfi donner au verre l'ouverture dont on a befoin. On pourroit

roit encore faire différentes ouvertures dans une l'ame de cuivre qu'on feroit glisser sur le verre; ou se servir d'une plaque ronde, qui tournant sur son centre, feroit passer sur le verre des trous de différente grandeur.

Description de la seconde Machine.

39.
Fig. 78.
CEtte seconde Machine est une espéce de boëte, dont la largeur BD, & la hauteur AB, sont egales, chacune étant d'environ 18. pouces : sa largeur FB n'en a que dix : le côté TE est fait en talut, de sorte que AE n'est environ que de six pouces.

40.
* 15.
On fait glisser au bas de cette boëte un quadre G, dans le quel le papier est attaché. *

41.
Dans le milieu du haut de la boëte on fait une ouverture qui a une écrouë

Chambre Obscure. 33

écroüé pour élever & abaisser le Cilindre, dans lequel on met le verre*.

Au haut de la boëte, en dedans, il y a deux lattes H I & L M, lesquelles glissent dans de petits fers pareils à ceux dont il a été parlé*. Ces lattes avancent environ de deux pieds hors de la boëte, & leurs extrémitez I & M sont dans une distance l'une de l'autre égale, ou un peu plus grande que n'est la longueur de la boëte. Elles servent à soutenir une toile peinte de noir, qui est attachée aux trois côtez BA, AC, & CD, de l'ouverture de la boëte.

A chaque côté au dessous de la boëte il y a une piece de bois de la fig. marquée R (fig. 77.) qui sert à soûtenir la boëte sur son pied, ou on la fixe par quatre chevilles de fer. Deux de ces chevilles passent de chaque côté dans le pied, par les ttous N & P ; & dans les pieces

* 9.
42.
* 7.
43.

L dont

dont je viens de parler, par les trous T & V, quand on veut que le fond de la boëte soit Horizontal; & par T & O, quand on veut un peu l'incliner.

44. On est quelquefois obligé de mettre la boëte plus avant sur son pied; ce qui se fait en employant les trous Q & S, au lieu de N & P. Il arrive quelquefois dans ces cas là, qu'il est avantageux de pancher la boëte un peu en arriére; ce qui peut se pratiquer en faisant passer la cheville qui est en S, par le trou X, lequel on perce dans une petite piece de bois qu'on attache contre la Machine: on fait un trou semblable de l'autre côté.

45. Au dessus de la Machine on fait glisser une boëte ou petite tour,
*10. 11. pareille à celle qui a été décrite: *
*13. Mais avec cette seule différence, qu'elle doit être plus petite.

Au dessus de cette petite tour Y, il y a deux petits fers Z, Z, qui

fer.

servent à faire glisser une régle à laquelle on arrête un miroir, comme il a été dit *. Par ce moyen là on donne à ce miroir la situation qu'il a en H, dans la figure de la premiére Machine. * 13.

La Machine que je viens de décrire est extrémement facile à transporter ; car alors on fait reposer la boëte BEC, sur les deux traverses 2. 3. & 4. 5. qui ont chacune une échancrure en dedans, pour empêcher la boëte de glisser. Dans cette situation l'ouverture ABCD est en haut : on met alors dans la boëte, la petite tour Y, avec la régle & le miroir dont il est parlé, n. 13. On y fait entrer aussi la toile peinte de noir, après qu'on a ôté les deux lattes qui la soûtenoient ; puis on couvre la boëte, en partie du quadre G* qui est soutenu par deux lattes fort minces, & en partie d'une autre petite planche quand le quadre n'est pas assez grand. Toute la 46.

* 48.

Ma-

Machine ainsi démontée, n'occupe pas plus d'espace que n'en occupoit auparavant le pied seul. Quand on veut s'en servir pour représenter les objets, il faut la remettre dans son premier état.

Usage de cette Machine.

47. L'Usage de cette seconde Machine est le même que celui de la première : mais il est bon de remarquer que quand on incline * la Machine, il faut diminuër l'Angle de l'inclinaison du miroir avec l'Horizon, de la moitié de l'inclinaison du fond de la boëte ; & que quand on renverse * un peu la Machine, il faut augmenter cet Angle, d'une pareille moitié. Il faut remarquer d'ailleurs que pour le Tableau paralléle, on doit avancer * la Machine sur son pied, & passer les chevilles par S & Q. Quant aux tailles douces, elles doivent s'atta-

* 43.
* 44.
* 44.

cher

cher à une planche entiérement séparée de la Machine. Cette planche doit être soutenuë par un pied qu'on puisse avancer & reculer commodément.

DÉMONSTRATION.

Pour l'Inclinaison du miroir.

Soit AB, un rayon venant d'un point de quelque objet : il faut démontrer *, que si la ligne DI, a l'inclinaison qu'on veut donner au Tableau, & que si on a donné au miroir GH l'inclinaison, que nous avons prescrite, l'Angle B*a*F sera égal à l'Angle DCB. Pour la démonstration, menez la ligne FI, paralléle à l'Horizon. A present dans le Triangle IDF, les deux Angles IDF & DFI sont ensemble égaux à l'Angle DIE ; mais l'Angle DFI, qui est l'inclinaison du miroir, est égal * à la moitié de

48.
Fig. 75.
* 19.

* 16. 47.

L 3   l'Anl'Angle D I E, moins la moitié de l'Angle I F *a* ; par conséquent il eſt moindre que l'Angle F D I de l'Angle entier I F *a* : ainſi ſi à l'Angle D F I on ajoûte l'Angle I F *a*, on aura l'Angle D F *a*, égal à l'Angle FDI : donc l'Angle F *a* B ſera * auſſi égal à l'Angle B C D. Ce qu'il falloit démontrer.

* 19.

On démontrera par un raiſonnement à peu près ſemblable, ce qui a été dit * de l'inclinaiſon du miroir quand on renverſe un peu la boëte.

* 47.

F I N.

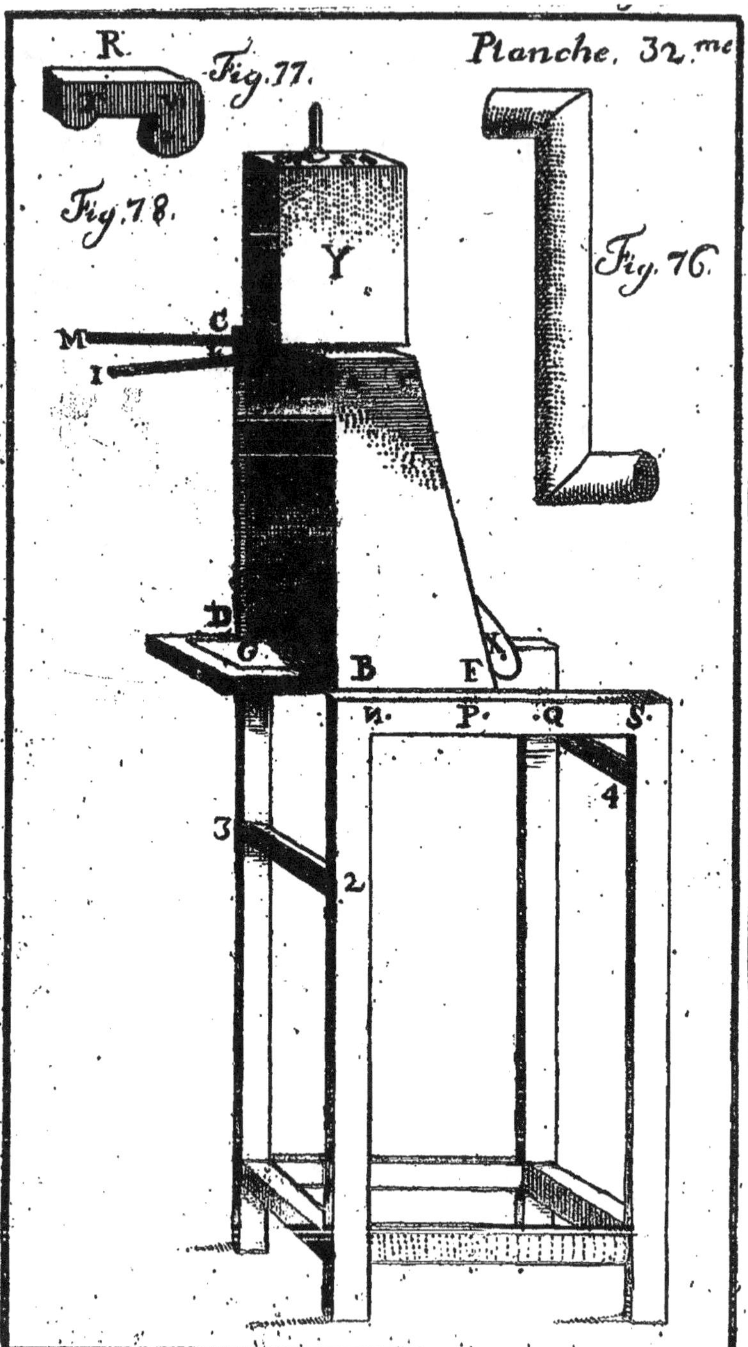

Planche. 32.me

Fig. 77.

Fig. 78.

Fig. 76.

Fautes qu'il faut corriger, dans l'Essai de Perspective.

Page,	ligne,	faute,	correction.
2.	19.	une	un
13.	3.	d'eux	deux
14.	12.	Ad	AD
18.	18.	les	des
21.	penult.	la	les
32.	2.	du	d'un
45.	6.	à	a
62.	dern.	une qui	une partie qui
63.	13.	de cercle	de ce cercle
77.	6.	Prob. 8.	Prob. 6.
78.	1.	our	pour
79.	13.	d'écrire	décrire
88.	17.	GP par PE	Gp par pE
99.	8.	$\frac{ydy}{e}$	$\frac{ydy}{dx}$
116.	11.	tous	tout
120.	10.	paralléle AB	paralléle à AB

Dans l'Usage de la Chambre Obscure.

8.	2.	à	a
22.	12.	$\frac{2}{1}$	$\frac{1}{2}$
27.	21.22.	représenter	dessiner

www.ingramcontent.com/pod-product-compliance
Lightning Source LLC
Chambersburg PA
CBHW052241220526
45471CB00001B/142